ÄPFEL

LANDHAUSKÜCHE

Von Christopher Idone

Fotos von Kathryn Kleinman

Aus dem Englischen von Susanne Dickerhof-Kranz

Bearbeitet von Marion Morawek

CARLSEN

Für Carol, die einige meiner frühen Erinnerungen mit mir teilt,
und Linda und Barry, gute Freunde, großartige Köche
und die besten Gastgeber

2. Auflage 1995
5.–7. Tausend

Die Originalausgabe erschien unter dem Titel
Apples: A Country Garden Cookbook bei Collins Publishers, San Francisco.

Published by arrangement with Collins Publishers,
a division of HarperCollins Publishers Inc.
Lektorat: Bettina Herre
Druck und Bindung: Grafiche AZ, Verona
ISBN 3-551-85024-0
Printed in Italy

INHALT

PROTECTION
HOME INDUSTRIES

EINKEHR

Bei einem Wirte, wundermild
Da war ich jüngst zu Gaste;
Ein goldner Apfel war sein Schild
An einem langen Aste.

Es war der gute Apfelbaum,
Bei dem ich eingekehret,
Mit süßer Kost und frischem Schaum
Hat er mich wohl genähret.

Es kamen in sein grünes Haus
Viel leicht beschwingte Gäste;
Sie sprangen frei und hielten Schmaus
Und sangen auf das beste.

Ich fand ein Bett zu süßer Ruh
Auf weichen grünen Matten;
Der Wirt, er deckte selbst mich zu
Mit seinem kühlen Schatten.

Nun fragt ich nach der Schuldigkeit,
Da schüttelt er den Wipfel.
Gesegnet sei er allezeit
Von der Wurzel bis zum Gipfel.

Ludwig Uhland

WISSENSWERTES ÜBER ÄPFEL

Äpfel gibt es schon seit Ewigkeiten. Versteinerte Apfelkerne wurden an so unterschiedlichen Plätzen wie Asien, prähistorischen Siedlungen an Schweizer Seen und jungsteinzeitlichen Orten in England gefunden. Im Jahre 149 v. Chr., als Cato Rom regierte, kannte man sieben verschiedene Apfelsorten. Jahrhunderte später, 1628, wurden immer noch lediglich sieben Apfelsorten in den Gärten Ludwigs XIII. in Orleans angebaut. Aber bereits im 19. Jahrhundert hatten sich mehr als 7000 verschiedene Apfelsorten herausklassifiziert. Heute gibt es etwa 2500 Sorten, von denen nur etwa 100 kommerziell angebaut werden.

Auswahl: Äpfel können rund sein wie der Jonathan oder oval wie der Red Delicious. Ihre Größe variiert vom 2,5 cm großen Holzapfel bis zum 13 cm großen Glockenapfel. Das Fruchtfleisch kann weiß sein wie bei der Goldparmäne, gelb wie beim Golden Delicious, knackig wie beim Jamba, zart wie ein Cox Orange, süß wie ein Idared oder säuerlich-herb wie ein Boskoop. Für welchen Apfel Sie sich auch entscheiden mögen, irgendwie findet jeder Verwendung in der Küche. Wenn die Äpfel gekocht oder gegart werden sollen, halten Sie sich an die grünen bis gelben, festen und säuerlichen Sorten. Wenn der Apfel roh gegessen werden soll, nehmen Sie eine mäßig herbe rote Sorte. Einige Äpfel sind säuerlicher als andere, und man muß sie beim Kochen zuckern. Als Faustregel gilt: je grüner der Apfel, desto herber der Geschmack. Die einzige Ausnahme zu dieser Regel bildet der Golden Delicious, der, wenn er grün ist, besonders süß schmeckt. Wenn man rote Äpfel mit der Schale kocht, wird das Fruchtfleisch rosig. Gelbe oder grüne Äpfel haben meist weißes Fleisch.

Wenn Sie überschlagen wollen, wie viele Äpfel Sie für ein Rezept benötigen, gehen Sie von etwa 3 mittleren Äpfeln pro Pfund aus. 3 Pfund ergeben ungefähr 9 Tassen geschnitzelte Äpfel.

Lagerung: Bei richtiger Lagerung können sich Äpfel bis zu 6 Monaten halten. Aber denken Sie an das alte Sprichwort: »Ein fauler Apfel kann die ganze Stiege verderben«. Angefaulte Äpfel müssen tatsächlich sofort weggeworfen werden, um die anderen nicht zu verderben.

Am besten kauft man Äpfel direkt beim Bauern oder auf Erzeugermärkten, da kann man sicher sein, daß die Ware erntefrisch ist und höchstens ein bis zwei Tage vorher gepflückt wurde. Man sollte Äpfel ein oder zwei Tage zu Hause nachreifen lassen, bevor man sie ißt oder in der Küche verwendet. Um ein Verfärben der Apfelschnitze zu vermeiden, gibt man Zitronensaft darüber oder legt sie in Zitronenwasser, wenn sie nicht sofort verarbeitet werden. Vor dem Kochen immer gut abtrocken.

Wir haben zu jedem Rezept eine oder zwei Apfelsorten vorgeschlagen, die Sie garantiert bekommen. Viele der hier aufgeführten Äpfel gibt es nur in Amerika. Da dieses Buch dort entstanden ist, sind alle dort erhältlichen Sorten noch einmal aufgezählt und gezeigt. Wenn Sie den von uns vorgeschlagenen Apfel nicht finden, wählen Sie einfach eine vergleichbare Sorte. Viele Sorten werden das ganze Jahr über angeboten. Die meisten Sorten schmecken am besten in der Zeit von September bis November, wenn sie erntefrisch sind. Aber es gibt auch lagerfähige Äpfel, die erst nach einigen Monaten ihren geschmacklichen Höhepunkt erreichen.

Arkansas Black: Klein, purpurrote, teilweise fast schwarze Haut. Festes gelbes Fleisch, leicht säuerlicher Geschmack, hält gut die Form beim Kochen.

Baldwin: Grüne Haut mit großen roten Flecken. Festes gelbliches Fleisch. Saftig und eine Spur säuerlich. Gut zum Rohessen, ausgezeichnet zum Backen.

Cortland: Leuchtend rote Haut mit grünen Lichtern, säuerliches, zartes Fleisch, das an der Luft kaum anläuft. Ideal zum Rohessen.

Criterion: Gelbe Haut mit rötlichen Lichtern, süßes, saftiges weißes Fleisch. Gut zum Rohessen und zum Backen.

Dolga Crab Apple: Winzig kleiner Wildapfel, rosarote Haut, extrem hartes, saures Fleisch. Zu sauer zum Rohessen, aber wunderbar in Gelees, Konfitüren und zum Backen.

Empire: Abkömmlung des Red Delicious und McIntosh. Dunkelrote Haut, knackiges, saftiges weißes Fleisch, leicht säuerlich. Ideal zum Rohessen.

Fuji: Grünlich-gelbe Haut mit rötlichen Stellen, süß und saftig, festes weißes Fleisch. Gut zum Rohessen und zum Kochen.

Gala: Gelblich-orange Haut mit orangen Streifen, festes weißes Fleisch. Süß, aromatisch und saftig. Sehr gut zum Rohessen, passabel zum Backen und für Saucen.

Golden Delicious: Leuchtend gelbe bis goldene Haut, säuerlich und saftig. Festes weißes Fleisch. Gut zum Kochen, weil er gut die Form hält.

Granny Smith: Leuchtend grüne Haut, säuerliches, saftiges, festes Fleisch. Für alle Garmethoden geeignet, hält die Form gut.

Gravenstein: Gelblich-grüne Haut mit roten Streifen, gelbliches Fleisch. Mild, saftig und ein wenig säuerlich. Gut zum Rohessen, aber auch zum Backen geeignet.

Grimes Golden: Mittelgroßer bis kleiner Apfel mit leuchtend gelber Haut und bräunlichen Flecken. Gelbliches Fleisch, etwas trocken, süß und würzig. Gut zum Rohessen.

Idared: Leuchtend rote Haut, weißes Fleisch mit saftigem, reichem, süßem Geschmack. Gut zum Rohessen und zum Kochen.

Arkansas Black

Baldwin

Cortland

Criterion

Dolga Crab Apple

Empire

Fuji

Gala

Golden Delicious

Granny Smith

Gravenstein

Grimes Golden

Idared

Jonagold

Jonathan

Lady

McIntosh

Mutsu

Mutsu's Mother

Newtown Pippin

Northern Spy

Red Delicious

Rhode Island Greening

Rome Beauty

Spartan

Winesap

Jonagold: Kreuzung aus Delicious und Jonathan, tiefrot über einer zartgoldenen Haut, weiches, süßes, saftiges weißes Fleisch. Am besten roh und ganz frisch zu essen.

Jonathan: Leuchtend rote Haut auf goldenem Untergrund. Hocharomatisches weißes Fleisch, saftig, etwas säuerlich. Gut zum Rohessen, aber auch zum Kochen gut geeignet.

Lady: Kleiner, platter Apfel mit leuchtend rot-gelber Haut und roten Wangen. Knackiges, sauer-süßes Fleisch. Gut zum Rohessen und zum Kochen. Das rötliche Fleisch ist sehr dekorativ in Obstgerichten.

McIntosh: Leuchtende tiefrote Haut mit karmesinroten Einsprengseln. Weiches Fleisch, saftig, mild, leicht süß-säuerlich bei Reife. Am besten zum Rohessen geeignet, das Fleisch zerfällt beim Garen schnell.

Mutsu: Eine japanische Weiterzüchtung des Golden Delicious, manchmal auch Crispin genannt. Matte gelblich-grüne Farbe mit roten Bäckchen. Süß und würzig, knackiges Fleisch. Zum Rohessen und zum Kochen.

Mutsu's Mother: Gelber als Mutsu, mit bräunlichen Flecken. Gut zum Kochen.

Newtown Pippin: Hellgrüne bis gelbliche Haut, gelbliche Flecken. Das gelbe Fleisch ist fest, süß und saftig. Ein guter Allzweck-Apfel.

Northern Spy: Leuchtend rot über gelber Haut. Kräftiger Geschmack, leicht säuerlich und saftig. Sehr gut zum Rohessen, zum Kochen und zum Backen.

Red Delicious: Dunkelrote, zähe Haut mit festem, mild-säuerlichem bis süßem Fleisch. Manchmal saftig, manchmal aber auch mehlig. Dieser Apfel ist wohl mehr der Farbe wegen als um des Geschmacks willen gezüchtet werden.

Rhode Island Greening: Grüne bis gelbliche Haut mit rötlichen Bäckchen, gelbliches Fleisch, sehr saftig und zart, süß-sauer. Das Aroma intensiviert sich beim Garen, daher ist er ideal zum Kochen und Backen.

Rome Beauty: Leuchtend rote Haut mit etwas Gelb, das Fleisch ist weiß bis zartgrün. Saftig und säuerlich, eignet sich gut zum Kochen und Backen.

Spartan: Dunkelrote Schale wie beim McIntosh, festes, saftiges Fleisch. Am besten zum Rohessen.

Winesap: Leuchtend rot mit grünen Flecken. Würzig-aromatisches, leicht säuerliches Fleisch. Eignet sich gut zum Rohessen und zum Backen, ideal für Apfelwein.

VORSPEISEN

In der Küche hat der Apfel eine lange Geschichte als würzige Zutat. In Skandinavien zum Beispiel schnippelt man Äpfel in pikante Heringssalate; in Belgien wird der Apfel unter den Endiviensalat mit Walnüssen gemischt; in Süddeutschland füllt man köstliche Knödel damit; und bei dem Hauptgericht *schnitz un knepp* der »Pennsylvania Dutch« werden gedörrte Apfelringe mit Schinken und winzigen gelben Knödeln geschmort. In ganz Mitteleuropa liebt man Obstsuppen, und der Maître d'Hotel im Waldorf Astoria in New York bereicherte die amerikanische Küche mit seiner Erfindung des Waldorfsalats.

Die verschiedenen Apfelsorten werden Ihren kulinarischen Absichten auf unterschiedliche Weise gerecht. Zum Kochen sollten Sie die grünen bis gelben säuerlichen Sorten nehmen, die fest genug sind und nicht zerfallen. Wenn die Äpfel roh verwendet werden, als Begleitung zu üppigem Käse oder um Salate zu bereichern, greifen Sie besser zu den roten und mäßig herben Sorten. Bei pikanten Gerichten mit Äpfeln nehmen Sie am besten feste, herbe Sorten wie Granny Smith, Boskoop, Elstar oder eine andere säuerliche Sorte mit festem Fruchtfleisch. Eine Apfelkaltschale läßt sich am besten aus einem süßlichen Apfel bereiten, während sich für die Senegalesische Suppe eine herbere Sorte anbietet, als Gegengeschmack zur Würze und Süße des Huhns, der Brühe und der Sahne.

Apfel-Kürbis-Suppe

Die Kombination von säuerlichen grünen Äpfeln mit dem milden Kürbis ergibt eine wunderbar helle, cremige Suppe.

3 EL Butter
2 große Zwiebeln, fein gehackt
2 EL Currypulver
1 TL Chilipulver
1 ¼ l Hühnerbrühe
750 g Kürbis, geschält, entkernt und gewürfelt
3 feste säuerliche Äpfel (z.B. Granny Smith), geschält, entkernt und gewürfelt
Salz und schwarzer Pfeffer aus der Mühle
⅛ l Schlagsahne
1 TL gehackte frische Petersilie oder Koriandergrün

Butter bei mittlerer Hitze zerlassen. Zwiebeln zugeben und etwa 5 Minuten dünsten, bis sie glasig werden. Curry und Chili hinzufügen und weitere 5 Minuten garen. Die Hälfte der Brühe zugießen und zum Kochen bringen. Kürbis und Äpfel zugeben, mit Salz und Pfeffer würzen. Zum Kochen bringen, die Hitze reduzieren und etwa 45 Minuten bis 1 Stunde leise kochen lassen, bis der Kürbis weich ist. Gelegentlich umrühren, um ein Anhängen der Gemüse zu vermeiden.

Die Suppe mit dem Schneidestab des Handrührers fein pürieren.
Die Sahne und die restliche Hühnerbrühe dazugeben und alles erhitzen. Die Suppe in vorgewärmte Suppentassen geben und mit der gehackten Petersilie oder dem Koriandergrün bestreuen.

Für 10 Personen

Senegalesische Suppe

Diese aromatische kalte Suppe mit ihrer Mischung aus Curry, Sahne und Hühnerbrühe ist ein ideales sommerliches Gericht für Gäste.

2 l Hühnerbrühe
1 Möhre, geschält und gehackt
3 Selleriestangen, gewürfelt
3 kleine Zwiebeln, geschält
3 Gewürznelken, ganz
1 große Hähnchenbrust (komplett mit Haut und Knochen)
6 EL Butter
2 große säuerliche Äpfel (z.B. Granny Smith), geschält, entkernt und gewürfelt
1 EL Currypulver
1 EL Mehl
2 cl trockener Sherry (nach Belieben)
Salz und weißer Pfeffer aus der Mühle
1/4 l Schlagsahne

In einem großen Topf die Brühe, die Möhre, den Sellerie und eine mit Nelken gespickte Zwiebel bei mittlerer Hitze zum Kochen bringen. Die Hähnchenbrust hinzugeben und etwa 15 Minuten ziehen lassen, bis sie gar ist. Das Fleisch herausnehmen und zur Seite stellen, abkühlen lassen. Wenn es abgekühlt ist, in Klarsichtfolie wickeln und in den Kühlschrank stellen. Die Brühe abschäumen und weitere 30 Minuten köcheln lassen.
Die restlichen Zwiebeln fein hacken. In einer mittelgroßen Kasserolle bei mittlerer Hitze die Butter zergehen lassen und Zwiebeln und Äpfel zugeben. Etwa 10 Minuten dünsten, bis die Mischung weich ist. Das Currypulver einrühren und weitere 3 Minuten garen. Mehl einrühren.
Den Sherry und zwei Schöpflöffel Brühe hinzugeben und zum Kochen bringen. Die mit Nelken gespickte Zwiebel aus der Brühe nehmen und die Currymischung zur Brühe geben. Mit Salz und Pfeffer abschmecken und weitere 30 Minuten köcheln lassen.
Suppe mit dem Schneidestab des Handrührers fein pürieren.
Die Sahne hinzufügen und die Suppe in den Kühlschrank stellen. Gründlich erkalten lassen. Kurz vor dem Anrichten die Hähnchenbrust häuten, entbeinen und in kleine Würfel schneiden. Das Fleisch auf 6 eisgekühlte Suppentassen verteilen und die kalte Suppe auffüllen.

Für 6 Personen
Anmerkung: Diese Suppe wird am besten am Vortag zubereitet.

Apfel-Kaltschale

Eine leichte, erfrischende Vorspeise an einem sonnigen Herbsttag.

4 große süße Äpfel (z.B. Golden Delicious), geschält, entkernt und in Stücke geschnitten
1 EL Zitronensaft
1 EL Zucker
1/4 TL Muskat
gut 3/4 l Hühnerbrühe
Salz und weißer Pfeffer aus der Mühle
1 TL Speisestärke
4 dünne Zitronenscheiben
4 El Crème fraîche
1 TL abgeriebene Zitronenschale

Die Apfelstücke in einen Topf geben und mit dem Zitronensaft beträufeln. Den Zucker, Muskat und die Brühe hinzugeben und zum Kochen bringen. Mit Salz und Pfeffer würzen, die Hitze reduzieren und alles etwa 20 Minuten leise kochen lassen, bis die Äpfel weich sind.
Mit dem Schneidestab des Handrührers fein pürieren. Die Speisestärke mit ein wenig Wasser anrühren und zur Suppe geben. Bei mittlerer Hitze unter Rühren aufkochen lassen, bis sie glasig und etwas sämig wird (etwa 5 Minuten). Von der Flamme nehmen und etwas abkühlen lassen. Zudecken und in den Kühlschrank stellen.
Zum Servieren die Suppe in 4 eisgekühlte Suppenteller füllen, je eine Zitronenscheibe in die Mitte legen und mit einem Klecks Crème fraîche und abgeriebener Zitronenschale garnieren.

Für 4 Personen

Sellerie-Apfel-Remoulade

Eine klassische Wintervorspeise aus Frankreich.

2 Knollensellerie
1 Zitrone + 1 TL Zitronensaft
1 säuerlicher grüner Apfel (z.B. Gravensteiner), geschält und entkernt

Dressing:
2 EL kaltgepreßtes Olivenöl
2 EL Dijonsenf
150 g Mayonnaise, vorzugsweise frisch
gut 1/8 l saure Sahne oder Crème fraîche
Salz und schwarzer Pfeffer aus der Mühle
1 EL feingehackte frische Petersilie

Die Sellerieknollen schälen und mit einer Zitronenhälfte einreiben. Die Knollen in sehr feine Streifen (Juliennes) schneiden (das geht am besten mit der Küchenmaschine). Den Sellerie in eine Schüssel geben und sofort mit dem Saft einer halben Zitrone mischen. Den Apfel in feine Stifte schneiden oder grob raspeln. Zu dem Sellerie geben, vermengen und zur Seite stellen.
Das Dressing zubereiten: Das Öl mit dem Senf in einer Schüssel verschlagen. Den restlichen TL Zitronensaft dazugeben und die Mayonnaise und die saure Sahne unterschlagen. Mit Salz und Pfeffer würzen.
Das Dressing zu der Sellerie-Apfel-Mischung geben und vermengen. Die Schüssel gut abdekken und im Kühlschrank durchkühlen lassen. Zum Servieren mit gehackter Petersilie bestreuen.

Für 4 bis 6 Personen

Wintersalat mit Roquefort

Die fruchtig-frische Säure des Cidre-Walnuß-Dressings macht diesen bunten Salat besonders attraktiv.

Cidre-Walnuß-Dressing:
2 EL Cidreessig
4 EL Walnußöl
2 EL Olivenöl
1 EL Dijonsenf
Salz und schwarzer Pfeffer aus der Mühle nach Geschmack

4 mittelgroße Rote Bete, gegart, geschält und in Stifte geschnitten
1 großer Kopf Radicchio, geputzt und in feine Streifen geschnitten
1 großer Chicoree, geputzt und quer in Streifen geschnitten
1 Bund Brunnenkresse, geputzt und in Streifen geschnitten
2 mittelgroße herb-süße Äpfel (z.B. Berlepsch), geschält, entkernt, in feine Stifte geschnitten
50 g Walnußkerne
Salz und schwarzer Pfeffer aus der Mühle nach Geschmack
100 g Roquefortkäse, zerkrümelt

Den Essig, das Öl und den Senf in einer großen Schüssel verschlagen. Mit Salz und Pfeffer würzen.
Das Cidre-Walnuß-Dressing über die Roten Bete, Radicchio, Chicoree, Brunnenkresse und Äpfel geben, gut mischen.
Die Walnußkerne bei großer Hitze etwa eine Minute lang in einer beschichteten Pfanne rösten, bis sie heiß sind. Mit etwas Salz und Pfeffer würzen.
Den Salat auf 4 eisgekühlten Tellern anrichten. Jede Portion mit gerösteten Walnüssen und Roquefortkäse bestreuen.

Für 4 Personen

Wintersalat mit Roquefort

Salmagundi

Dieser Salat gilt als Wegbereiter des gemischten Salats und stammt aus dem Elisabethanischen Zeitalter in England (16. Jahrhundert).

Zitronen-Vinaigrette:
4 EL Zitronensaft
Salz und schwarzer Pfeffer nach Geschmack
5 EL Walnußöl
2 EL Pflanzenöl

2 cl Apfelschnaps (z.B. Calvados)
4 El Sultaninen
350 g Prinzeßbohnen, bißfest gekocht, abgeschreckt und abgetropft
100 g frische Perlzwiebeln, gekocht, blanchiert und geschält
2 säuerliche Äpfel (z.B. Boskoop oder Granny Smith), geschält, entkernt und in 6 mm dicke Würfel geschnitten
100 g kernlose grüne Trauben
1 EL Kapern
2 kleine Salatköpfe, gewaschen und trockengeschleudert
3 Hähnchenbrustfilets, pochiert, entbeint, gehäutet und in lange, feine Streifen geschnitten
½ rote Paprikaschote, entkernt und in 6 mm dicke Würfel geschnitten
6 Wachteleier, hartgekocht, gepellt und halbiert
1 EL Schnittlauchröllchen

In einer großen Schüssel den Zitronensaft mit Salz und Pfeffer verrühren. Langsam das Öl zugeben und verschlagen. Zur Seite stellen.
Den Apfelschnaps mit ¼ Tasse Wasser in einem Topf erhitzen, die Sultaninen hinzugeben und von der Flamme nehmen, abkühlen lassen.
In einer großen Schüssel die grünen Bohnen, Zwiebeln, Äpfel, Weintrauben und den Salat mit den Kapern und der Vinaigrette mischen. Auf 6 Tellern anrichten.

Die Rosinen abtropfen lassen und über den Salat streuen. Die Streifen Hühnerfleisch in der Mitte jeder Salatportion arrangieren und mit den gewürfelten roten Paprika bestreuen. Zwei Wachteleihälften neben das Hühnerfleisch legen und mit Schnittlauch bestreuen.

Für 6 Personen

Gegrillte Riesengarnelen mit einem Chutney aus Winterfrüchten

Idealerweise werden die Garnelen für dieses Gericht auf dem Holzkohlengrill bereitet, sie können aber auch in einer sehr heißen, vorgeheizten gußeisernen Pfanne gegart werden.

24 mittelgroße Riesengarnelen (in der Schale)
reichlich kaltgepreßtes Olivenöl
grobes Salz, gemischt mit frisch zerstoßenem schwarzen Pfeffer
1 rote Paprikaschote, entkernt und in Streifen geschnitten
1 gelbe Paprikaschote, entkernt und in Streifen geschnitten
1 Friseesalat, gewaschen, trockengeschleudert und in mundgerechte Stücke gezupft
Saft von 1 Zitrone
Salz und schwarzer Pfeffer aus der Mühle nach Geschmack
Pflanzenöl für den Grill
Chutney aus Winterfrüchten (siehe Seite 48)

Den Holzkohlengrill vorbereiten.
Garnelen waschen und mit Küchenkrepp trokkentupfen. In einer Schüssel die Garnelen mit so viel Olivenöl vermengen, daß sie überzogen sind, mit Salz und Pfeffer nach Belieben würzen. Etwa 30 Minuten zur Seite stellen.
In einer anderen Schüssel die Paprikastreifen mit Olivenöl und Gewürzen vermengen. Etwa 30 Minuten zur Seite stellen.
Wenn die Holzkohle leise glüht, den Grill mit dem Pflanzenöl einstreichen, die Garnelen in die Mitte des Grills legen und die Paprikastreifen, mit der Hautseite nach unten, um die Garnelen herum legen. Garnelen auf jeder Seite etwa 3 Minuten grillen. Wenn die Paprikastreifen weich werden, wenden und weitere 3 Minuten grillen, bis sie gar sind.
Den Friseesalat mit dem Saft einer halben Zitrone mischen, salzen und pfeffern. Auf 4 Tellern anrichten.
Wenn die Garnelen gar sind, noch auf dem Grill mit dem Saft der zweiten Zitronenhälfte beträufeln. Garnelen und die Paprikastreifen auf dem Friseesalat anrichten. Einen Löffel voll Winterchutney an den Tellerrand geben und servieren.
(Die Schalen der Garnelen können Sie mitessen.)

Für 4 Personen

Mangoldsalat mit Walnüssen und Gorgonzola

Apfel und Käse gehen hier eine ideale Verbindung ein.
Knackige und süße Äpfel bereichern jeden Salat.

1 Bund Mangold, vorzugsweise rotstielig mit den zarten Rippen
125 g durchwachsener Speck, in 6 mm dicke Würfel geschnitten.
75 g Walnußkerne
4 EL Walnußöl
4 EL Pflanzenöl
1 herber Apfel (z.B. Gravensteiner), geschält, entkernt und in 6 mm dicke Würfel geschnitten
Salz und schwarzer Pfeffer aus der Mühle nach Belieben
3 EL Himbeeressig
100 g Gorgonzola, gewürfelt

Den Mangold waschen und abtrocknen, die Blätter in feine Streifen schneiden, die Stiele anderweitig verwenden. In einer mittelgroßen Kasserolle den Speck bei mittlerer Hitze auslassen, bis er eine goldene Farbe annimmt. Herausnehmen und auf Küchenkrepp abtropfen lassen. Den größten Teil des Fetts abgießen, die Walnüsse im restlichen Fett leicht in der Pfanne rösten und dabei aufpassen, daß sie nicht anbrennen. Auf Küchenkrepp abtropfen lassen.
Die Pfanne mit Küchenkrepp auswischen und bei mittlerer Hitze die halbe Menge Walnußöl und die halbe Menge Pflanzenöl erhitzen. Die Apfelstücke hineingeben und unter Rühren garen, bis sie weich werden, etwa 4 Minuten.

Den Mangold dazugeben, umrühren und mit Salz und Pfeffer würzen. Den Essig hinzufügen und umrühren. Von dem restlichen Öl so viel dazugeben, daß der Mangold bedeckt ist.
Wenn der Mangold schlaff wird, die Mischung auf 4 vorgewärmte Teller füllen. Den Speck und die Walnüsse auf jede Portion streuen und das verbliebene Dressing über den Salat träufeln. Jede Salatportion mit Käsewürfeln garnieren.

Für 4 Personen

HEINKE'S

Apfel-Omelett

Das ist ein leichter Imbiß, zusammen mit einer Suppe auch eine vollständige Mahlzeit.

3 Äpfel (Golden Delicious), geschält, entkernt und klein gewürfelt
2 EL Vanillezucker
1 EL Calvados
6 Eier
1 Prise Salz
3 EL Butter
Zucker zum Bestreuen
Puderzucker (nach Belieben)

Die Äpfel mit dem Vanillezucker in einen kleinen Topf geben. Zudecken und bei mittlerer Hitze garen, dabei den Topf hin und wieder rütteln, damit die Äpfel nicht hängenbleiben. Wenn die Apfelstücke weich sind, Topf von der Flamme nehmen und den Calvados unterrühren. Zudecken und beiseite stellen.

Den Backofengrill vorheizen. In einer Schüssel die Eier mit Salz und einem EL kaltem Wasser schlagen. In einer beschichteten Pfanne mittlerer Größe die halbe Menge Butter bei mittlerer Hitze zergehen lassen. Die Hälfte der Eiermasse zugeben und vorsichtig mit einer Gabel rühren, bis die Masse den Boden und die Wände der Pfanne bedeckt. Wenn die Masse zu stocken beginnt und beinahe gar ist, die halbe Menge der Apfelmasse daraufgeben. Das Omelett in der Mitte zusammenklappen und eine weitere Minute oder mehr garen lassen.

Das Omelett auf einen feuerfesten Teller gleiten lassen. Mit ein wenig Zucker bestäuben und unter dem Grill glasieren. Mit den verbliebenen Zutaten genauso verfahren.

Nach Wunsch mit Puderzucker bestäuben.

Für 2 Personen

BEILAGEN

Der Apfel ist die Würze des Winters. Von allen Obstsorten eignet sich der Apfel am besten für Chutneys, Aufstriche oder Saucen. Gedünstet bildet er eine köstliche Beilage zu Fleisch, Geflügel und Wildgeflügel. Äpfel mit Meerrettich und Sahne passen hervorragend zu fettem Räucherfisch.
Für sich allein genommen, können Äpfel auch eine knackig-frische Beilage zu manchem Gericht sein. In früheren Zeiten pflegten englische Köche Äpfel an einer Schnur vor dem offenen Feuer aufzuhängen, wo sie geröstet wurden und irgendwann in ein daruntergestelltes Gefäß mit Glühwein fielen. Die so marinierten Äpfel wurden später zusammen mit dem Fleisch vom Bratspieß serviert.
Mit Wurstmasse und Salbei vermengt, eignen sich Äpfel hervorragend für Füllungen. Zusammen mit Wintergemüse wie Steckrüben oder Pastinaken gekocht und püriert, nehmen sie den herben Gerichten den strengen Geruch. Einfache Chutneys aus Äpfeln, Rosinen und Gewürzen sind eine köstliche Beilage für jede Sorte Fleisch von Schweinefleisch bis Hackbraten, und die ostindische Variante aus Äpfeln mit Tamarinde macht aus jedem Chutney einen Hochgenuß.

Apfel-Beignets

Reichen Sie diese knusprige Beilage zu Schweinebraten oder Schweinekotelett, zu Schmorbraten, Tafelspitz oder Sauerbraten.

1 Ei
150 ml Milch
1 EL Butter, zerlassen
150 g Mehl
2 TL Backpulver
Salz
3 säuerliche Kochäpfel (z.B. Granny Smith oder Gravensteiner)
Saft von 1 Zitrone
½ l Pflanzenöl zum Ausbacken
1 EL Zucker

In einer großen Schüssel das Ei mit der Milch und der zerlassenen Butter verschlagen. Mehl, Backpulver und eine Prise Salz einstreuen und vermengen. Beiseite stellen.

Die Äpfel schälen, die Kerngehäuse ausstechen und die Äpfel in 5 mm dicke Scheiben schneiden, mit dem Zitronensaft beträufeln. Das Öl in einer tiefen Kasserolle auf 175 Grad C erhitzen. Das Öl sollte heiß sein, ohne zu rauchen, und sofort brutzeln, wenn die Äpfel hineingetaucht werden. Die Apfelringe leicht in den Ausbackteig tauchen. In das Öl geben und fritieren, bis sie rundherum goldbraun sind, etwa 5 Minuten. Mit der Schaumkelle herausheben, auf Küchenkrepp abtropfen lassen und im vorgewärmten Backofen warm stellen.

Wenn alle Beignets fertig sind, auf einer Servierplatte anrichten und mit ein wenig Zitrone und Zucker beträufeln.

Für 4 Personen

Süss-saurer Rotkohl

Dieser Rotkohl kann bereits am Vortag zubereitet und wieder aufgewärmt werden. Paßt zu Gans, Ente oder Fasan.

1,5 kg Rotkohl, von äußeren Blättern und Strünken befreit und gehobelt
4 EL Butter
1 EL Pflanzenöl
1 mittelgroße Zwiebel, fein gehackt
2 säuerliche Äpfel (z.B. Granny Smith oder Boskoop), geschält, entkernt und in 6 mm dicke Würfel geschnitten
1 EL brauner Zucker
3–4 EL Rotweinessig
1/4 l Hühnerbrühe
1 TL Kümmelkörner
Salz und schwarzer Pfeffer aus der Mühle nach Geschmack
4 EL rotes Johannisbeergelee

Den Kohl in einem Topf mit leicht gesalzenem, kochendem Wasser etwa 1 Minute blanchieren. Herausnehmen, abschrecken, gut ausdrücken und beiseite stellen.
In einem großen Topf die Butter und das Öl bei mittlerer Hitze erhitzen. Die Zwiebel, Äpfel und Zucker zugeben und etwa 5 Minuten andünsten. Kohl, Essig und Brühe dazugeben und weitere 10 Minuten unter häufigem Rühren kochen. Kümmel, Salz, Pfeffer und Johannisbeergelee dazugeben. Umrühren, die Hitze reduzieren und weitere 10 Minuten leise kochen lassen, bis der Kohl weich ist.

Für 5 bis 6 Personen

Apfelsauerkraut

Paßt gut zu Schweinekotelett, Würstchen und allem gepökelten Fleisch.

1 kg Sauerkraut, vorzugsweise frisch
2 EL Gänseschmalz
1 mittelgroße Zwiebel, grob gehackt
1 fein gehackte Knoblauchzehe
1/4 l Apfelwein
1/4 l Hühnerbrühe
3 große säuerliche Äpfel (z.B. Granny Smith oder Boskoop), geschält, entkernt und grob gewürfelt
6 Wacholderbeeren, gestoßen
2 cl Gin (wahlweise)
Salz und schwarzer Pfeffer aus der Mühle nach Geschmack

Den Backofen auf 175 Grad C vorheizen. Wenn das Sauerkraut sehr salzig oder sauer sein sollte, unter fließendem Wasser abspülen. Auseinanderzupfen und beiseite stellen.
In einem großen Topf das Schmalz bei mittlerer Hitze zergehen lassen. Zwiebel und Knoblauch dazugeben und dünsten, bis sie glasig sind. Das Sauerkraut, den Apfelwein, die Brühe, die Äpfel und Wacholderbeeren dazugeben und alles bei großer Hitze zum Kochen bringen.
Die Mischung anschließend in eine ofenfeste Form geben. Den Gin dazugeben, mit Salz und Pfeffer würzen. Fest verschließen und etwa 40 Minuten garen.

Für 6 Personen

Eingelegte Crab Apples

Wenn es auf dem Markt zufällig einmal die kleinen, sauren amerikanischen Crab Apples, die Wildäpfel, geben sollte, kaufen Sie sie und bereiten Sie daraus eingelegte Äpfel nach der Art Pennsylvanias zu.

Etwa 30 kleine Wildäpfel mit Stiel und Haut
1 l Cidre-Essig
300 g Zucker
2 TL Senfkörner
3 Lorbeerblätter
12 ganze Gewürznelken
6 Zimtstangenstücke, 2,5 cm groß

Die Äpfel in einen schweren Edelstahltopf geben. Den Essig und genug kaltes Wasser zugeben, bis die Äpfel bedeckt sind. Die restlichen Zutaten zugeben. Bei großer Hitze unter gelegentlichem Rühren zum Kochen bringen. Die Hitze reduzieren und die Äpfel etwa 45 Minuten weich kochen.
Die Äpfel in sterilisierte Einmachgläser füllen und die Gewürze auf die Gläser aufteilen. Mit dem Sirup bis etwa 1 cm unter den Rand auffüllen. Die Gläser nach Vorschrift mit den passenden Deckeln verschließen und 10 Minuten im kochendheißen Wasserbad einkochen. Abkühlen lassen, Deckel kontrollieren, verschließen. Oder fest mit Folie abdecken und bis zu drei Wochen im Kühlschrank aufbewahren.

Ergibt ungefähr 6 Gläser

Apfelmus

Gelbe Äpfel ergeben ein weißes Mus, rote Äpfel ergeben ein leicht rosa gefärbtes Mus. Die Menge des Zuckers richtet sich nach der Süße der Äpfel. Wenn das Apfelmus zu Fleischgerichten serviert werden soll, ist ein herberer Geschmack vorzuziehen.

6 bis 8 feste süße Äpfel (z.B. Golden Delicious oder Idared), geschält, entkernt und in Stücke geschnitten
1 El Zitronensaft
Etwa 50 g Zucker (je nach Apfelsorte)
Crème double, nach Geschmack

Den Backofen auf 175 Grad C vorheizen. Die Äpfel in eine Auflaufform geben, mit Zitronensaft beträufeln und mit Alufolie fest verschließen. Etwa 30 Minuten backen, bis die Äpfel weich sind.
Aus dem Ofen nehmen, die Äpfel zerdrücken und rühren, bis sie eine glatte Masse bilden. Den Zucker nach Geschmack unterrühren. Warm als Dessert mit Crème double oder kalt als Beilage zu Fleischgerichten servieren.

Ergibt ungefähr 3 ½ Portionen

Anmerkung: Als optische Aufmunterung können Sie eine Handvoll gekochte Preiselbeeren daruntermischen.

Apfelmus

Apfel-Minze-Chutney

Die Tamarinde wird in der indischen und westindischen Küche häufig verwendet. Ihre säuerliche Frische gibt diesem Chutney einen unverwechselbaren Geschmack.

3 Tamarindenschoten oder ½ Tasse Tamarindenmus aus der Dose
6 säuerliche Äpfel (z. B. Elstar), geschält, entkernt und in Stücke geschnitten
6 El brauner Rohrzucker
3 El Cidreessig
1 TL Chilipulver
Salz
2 TL getrocknete Minze

Die Tamarindenschoten 30 Minuten in warmem Wasser einweichen. Mit den Fingern das Fruchtfleisch und die Samenkörner herausdrücken. Durch ein feines Sieb streichen.
Die übrigen Zutaten, das Tamarindenmus und ⅓ Tasse Wasser in einem Edelstahltopf zum Kochen bringen. Die Hitze reduzieren und 30 Minuten ohne Deckel leise kochen, bis die Äpfel weich sind und das Gemisch eindickt.
Das Chutney in sterilisierte, heiße Einweckgläser füllen und etwa 1 cm bis zum Rand lassen. Die Gläser nach Vorschrift verschließen und 10 Minuten in kochendheißem Wasserbad einkochen. Abkühlen lassen, Deckel festziehen (Verschlüsse kontrollieren) und aufbewahren. Oder fest mit Folie abdecken und im Kühlschrank bis zu 2 Wochen aufbewahren.

Ergibt etwa 1 Liter

Von links nach rechts: Apfel-Minze-Chutney, Chutney aus Winterfrüchten (Rezept siehe Seite 48) und Preiselbeer-Apfel-Relish (Rezept siehe Seite 46)

Preiselbeer-Apfel-Relish

Dieses Relish schmeckt köstlich zu Wild und Wildgeflügel. Um eine Sauce daraus zu bereiten, kochen Sie die Mischung weitere 10 bis 15 Minuten und passieren sie durch ein Sieb. Paßt auch gut zu Pfannkuchen.

4 große Äpfel (z.B. Glockenäpfel), geschält, entkernt und in Stücke geschnitten
1 EL Zucker
1/4 l Ahornsirup
200 g frische Preiselbeeren
1 EL Orangenschale, in Streifen geschnitten und fein gehackt

Äpfel, Zucker und 2 EL Wasser in einen Topf geben und bei mittlerer Hitze 5 Minuten dünsten. Gelegentlich den Topf rütteln, damit die Äpfel nicht am Boden kleben. Den Sirup einrühren, die Preiselbeeren und die Orangenschale zugeben. Wenn die Beeren anfangen aufzuplatzen, die Hitze reduzieren, den Topf zudecken und 10 Minuten unter gelegentlichem Rühren weitergaren.

Ergibt etwa 3 Tassen

Apfelbutter

Dieses Rezept für einen leckeren Brotaufstrich stammt aus den Kolonialzeiten der USA. Je nach Süße der Äpfel kann die Zuckermenge variiert werden.

2 kg säuerliche Äpfel (z.B. Gravensteiner), geviertelt, mit Schale, Kernen und Stielen
1/2 l Apfelwein
500 g Zucker
3 TL gemahlener Zimt
2 TL gemahlene Gewürznelken
1 TL gemahlener Piment

Äpfel und Apfelwein in einem großen, schweren Topf bei mittlerer Hitze zum köcheln bringen und etwa 25 Minuten kochen lassen, bis die Äpfel weich sind. Gelegentlich umrühren, damit sie nicht am Boden kleben.

Die Äpfel durch ein Sieb in eine große Schüssel passieren. Den Zucker und die Gewürze darunterühren und weitere 4 Stunden unter häufigem Umrühren bei milder Hitze köcheln lassen. Wenn die Masse eindickt bzw. am Löffel haften bleibt und am Topfrand keine Flüssigkeit mehr steht, ist die Apfelbutter fertig. Von der Kochstelle nehmen. In sterilisierte, heiße Einmachgläser füllen und etwa 1 cm Rand lassen. Nach Vorschrift verschließen und 10 Minuten in kochendheißem Wasserbad einkochen. Abkühlen lassen, Verschlüsse kontrollieren, verschließen. Oder fest mit Folie verschließen und im Kühlschrank bis zu 3 Wochen aufbewahren.

Ergibt etwa 2 Liter

Apfel-Meerrettich

Diese pikante Beilage paßt vorzüglich zu Gans, Ente, Räucherfisch oder kaltem Braten.

1 EL Zitronensaft
1 Stück frischer Meerrettich
3 säuerliche Äpfel (z.B. Boskoop), geschält und entkernt
1 Becher Crème fraîche
Salz nach Geschmack

Den Zitronensaft in eine Schüssel geben. Den Meerrettich (etwa 2 bis 3 EL) und die Äpfel in den Saft reiben. Gelegentlich umrühren, damit die Fruchtmasse sich nicht verfärbt.

Die Crème fraîche unterheben und die Masse mit Salz abschmecken. Zugedeckt in den Kühlschrank stellen.

Ergibt etwa 1 ½ Tassen

Apfel-Relish

Eine pikante Version der Apfelbutter, die gut zu Fleisch und Geflügel paßt.

1 kg feste säuerliche Äpfel (z.B. Elstar)
1 EL Zitronensaft
¾ l Apfelwein
Etwa 200 g Zucker
1 TL scharfer Curry

Äpfel schälen, entkernen und vierteln. Schalen und Kerne aufheben. Äpfel in dünne Scheiben schneiden und in eine Schüssel mit kaltem Wasser und Zitronensaft legen. Beiseite stellen.
Die Schalen, Kerne und 2 Tassen Wasser in einem Topf zum Kochen bringen. Zugedeckt 25 Minuten leise kochen lassen, bis die Schalen weich sind. Die Flüssigkeit durch ein Sieb in eine Schüssel abgießen, dabei die Fruchtmasse ausdrücken, um den ganzen Saft aufzufangen. Schalenreste wegwerfen.
In einem Topf den abgegossenen Apfelsaft, den Apfelwein, Zucker und Curry zum Kochen bringen und 3 Minuten kochen.
Die Äpfel abtropfen lassen und in die Flüssigkeit geben. Zum Kochen bringen, die Hitze reduzieren und unter gelegentlichem Umrühren 40 Minuten leise kochen lassen. Wenn die Äpfel durchsichtig geworden sind, einen Löffel von der Masse auf einen kleinen Teller geben und in den Kühlschrank stellen. (Gelierprobe!) Wenn die Masse in Sekunden geliert, ist das Relish fertig.
In heiße, sterilisierte Einmachgläser geben, dabei etwa 1 cm Rand lassen. Gläser nach Vorschrift verschließen und 10 Minuten in kochendheißem Wasser einkochen. Abkühlen lassen, Verschlüsse kontrollieren und kühl aufbewahren. Oder fest mit Folie verschließen und bis zu 3 Wochen im Kühlschrank aufbewahren.

Ergibt etwa 5 Gläser

Chutney aus Winterfrüchten

Im Oktober und November wird auf den Erzeugermärkten oder beim Bauern Herbstobst am günstigsten angeboten. Jetzt ist es an der Zeit, mit dem Einmachen zu beginnen.

600 g feste Äpfel (z.B. Golden Delicious), geschält, entkernt und in 1 bis 2 cm dicke Stücke geschnitten
400 g feste Birnen, geschält, entkernt und in 1 bis 2 cm dicke Stücke geschnitten
1 Quitte, geschält, entkernt und in 6 mm dicke Stücke geschnitten
Schale und Saft von 2 Zitronen
1 l Cidreessig
2 große Zwiebeln, geschält und gehackt
4 Knoblauchzehen, geschält und fein gehackt
2 EL Salz
2 EL Senfkörner
3 EL frisch geriebener Ingwer
½ bis 1 TL Cayennepfeffer
1 Chilischote
1 TL gemahlener Zimt
150 g brauner Zucker
75 g Zucker
75 g Sultaninen
100 g dunkle Rosinen
200 g Walnüsse, gehackt

Die Früchte in eine große Schüssel geben, mit kaltem Wasser und Saft von 2 Zitronen bedekken. Beiseite stellen.

In einem großen Edelstahltopf den Essig mit 2 Tassen kaltem Wasser, Zitronenschale, Zwiebeln, Knoblauch, Salz und Gewürzen bei großer Hitze zum Kochen bringen. Die Hitze reduzieren und alles 15 Minuten köcheln lassen, bis die Zwiebeln glasig sind. Braunen Zucker, weißen Zucker und die Früchte zugeben und aufkochen. Die Hitze reduzieren und 1 Stunde leise kochen lassen. Gelegentlich umrühren, um ein Ankleben der Masse zu verhindern.

Wenn das Chutney eindickt, die Rosinen und Nüsse zugeben und weitere 15 Minuten köchen, bis die Masse dickflüssig ist. Während des Abkühlens dickt das Chutney weiter ein.

Das Chutney in sterilisierte, heiße Einmachgläser geben, etwa 1 cm Rand lassen. Gläser nach Vorschrift verschließen und 10 Minuten im kochendheißen Wasserbad einkochen. Abkühlen lassen, Verschlüsse kontrollieren. Oder fest mit Folie verschließen und bis zu 3 Wochen im Kühlschrank aufbewahren.

Chutney mindestens 3 Wochen ruhen lassen.

Ergibt etwa 5 Gläser

APPLES HERE
APPLES
OPEN

HAUPTGERICHTE

Auf der ganzen Welt kennt man Hauptgerichte, in denen Äpfel eine große Rolle spielen. Ob das die Schweizer Nudeln mit Käse und warmem Apfelkompott sind, der klassische Risotto des Veneto mit Äpfeln und Parmesan oder die massiveren winterlichen Hauptgerichte mit Schweinefleisch und Äpfeln, die man im Norden Deutschlands ebenso liebt wie im Elsaß.
In der englischen Küche wird Apfelkompott traditionell mit Zimt und Muskat gewürzt – ein Überbleibsel aus der Zeit, als man dem Gast seine Wertschätzung durch verschwenderisches Verwenden von teuren Gewürzen zeigte, aber auch eine Erinnerung daran, daß Äpfel und kräftige Gewürze gut zusammenpassen. Die berühmtesten Apfel-Gerichte aber kommen aus der Normandie. »À la normande« bedeutet in der französischen Küche immer die Zubereitung mit Äpfeln, Sahne und Calvados, dem traditionellen Apfelschnaps der Region. Wenn man mit Äpfeln kocht, ist immer für Vielfalt gesorgt.

Raclette

Raclette bedeutet zweierlei: Zum einen ein aus dem Schweizer Kanton Wallis stammendes Gericht auf der Basis von Käse, zum anderen ist es der Name des Käses, der dafür verwendet wird.

½ Rad Raclettekäse
1 kleines Glas Cornichons
1 kleines Glas Perlzwiebeln
Walnüsse in der Schale, im Backofen erwärmt
4 oder mehr sehr kalte feste Äpfel (z.B. Jonathan)
12 bis 15 frisch gekochte Pellkartoffeln

Den Käse im Stück auf einer feuerfesten Platte oder einem Brett dicht vor eine kräftige Hitzequelle (Kaminfeuer, Garten- oder Elektrogrill) legen. Der Käse schmilzt und wird mit dem Messer abgeschabt (französisch racler = abschaben) und auf die vorgewärmten Teller verteilt. Weniger romantisch, aber leichter machbar: den Käse in ½ cm dicke Scheiben schneiden und im vorgeheizten Backofen oder unter dem Grill zerlaufen lassen. Auf vorgewärmte Teller geben und mit den oben erwähnten Zutaten servieren.

Unser Tip: *Es gibt mittlerweile Spezialgeräte für Raclette, sowohl für die zünftige Art, den halben Laib zu servieren, wie für die praktikablere Art, ihn in Scheiben zu braten.*

Für 4 bis 6 Personen

Schweizer Nudeln mit Gruyère und Apfelkompott

Ein willkommenes Gericht an einem kalten, verschneiten Abend.

4 bis 5 feste süße Äpfel (z.B. Idared oder Gloster), geschält, entkernt und in Stücke geschnitten
1 TL abgeriebene Zitronenschale
1 EL Zucker nach Geschmack
6 EL Butter
1 EL Pflanzenöl
4 mittelgroße Zwiebeln, in feine Ringe geschnitten
300 g kurze Makkaroni
225 g Gruyère, gerieben
Salz und schwarzer Pfeffer aus der Mühle nach Geschmack
4 EL Schnittlauchröllchen

In einem Edelstahltopf die Äpfel mit dem Zitronensaft und dem Zucker vermengen. 1 bis 2 EL Wasser dazugeben. Zugedeckt auf kleiner Flamme etwa 10 Minuten garen, bis die Äpfel weich sind. Gelegentlich den Topf rütteln, damit die Äpfel nicht am Boden kleben bleiben. Beiseite stellen und warm halten.

In einem großen, schweren Topf 3 EL Butter mit dem Pflanzenöl bei mittlerer Hitze zergehen lassen. Die Zwiebeln dazugeben und anbraten, bis sie knusprig und golden sind.

Während die Zwiebeln garen, die Nudeln nach Kochanweisung kochen. Abgießen, abtropfen lassen und mit den 3 verbliebenen EL Butter, dem Käse, Salz und Pfeffer nach Geschmack vermengen.

Die Nudeln auf 4 angewärmte Teller verteilen. Auf jede Portion Nudeln Zwiebeln geben und reichlich Schnittlauch darüberstreuen. Das Apfelkompott als Beilage servieren.

Für 4 Personen

Apfel-Risotto

Für dieses Gericht eignet sich am besten der Golden Delicious. Er bleibt beim Kochen die ersten 10 Minuten hart, und wenn man es am wenigsten erwartet, bläht er sich auf, platzt und wird zart und weich.

1 Golden-Delicious-Apfel, geschält, entkernt und in Würfel geschnitten
1–1 1/4 l Hühnerbrühe
2 EL Butter
2 EL Olivenöl
1 kleine Zwiebel, geschält und klein gehackt
250 g Risotto-Reis
1/8 l trockener Weißwein
4 EL geriebener Parmesan (und eine Extraportion zum Servieren)
frisch geriebener Muskat

Apfel in einen kleinen Topf geben, zudecken und bei mittlerer Hitze etwa 10 Minuten garen, bis sie weich sind. Den Topf gelegentlich rütteln, damit die Äpfel nicht anhängen. Beiseite stellen.
In einem anderen Topf die Brühe zum Sieden bringen und bei kleiner Flamme heiß halten.
In einem mittelgroßen Edelstahltopf die Butter mit dem Öl bei mittlerer Hitze zerlassen. Wenn die Buttermischung aufschäumt, die Zwiebel dazugeben und etwa 5 Minuten dünsten, bis sie glasig ist.
Den Reis zugeben und unter ständigem Rühren mit einem Holzkochlöffel garen. Wenn der Reis den größten Teil der Butter aufgesaugt hat, den Wein dazugießen und unter ständigem Rühren kochen, bis der Wein aufgesaugt ist.
Dann unter ständigem Rühren nach und nach die Brühe zugießen, jeweils nur einen Schöpfer voll. Nach etwa 10 Minuten Garzeit die gekochten Äpfel zugeben. Weiter Brühe hinzufügen, bis der Reis gar, aber noch leicht körnig ist, etwa 15 Minuten. Eventuell bleibt Brühe übrig.
Den Parmesan und Muskatnuß darunterziehen und etwa 1 weitere Minute kochen.
Risotto auf 4 vorgewärmte Teller verteilen und sofort mit der Extraportion Parmesankäse servieren.

Für 4 Personen

Curry-Huhn

Die Briten brachten den Curry einst aus Indien in ihre Heimat. Ihre Currygerichte verfeinerten sie mit Äpfeln oder würzten Apfel-Chutney mit Curry.

2 EL Pflanzenöl
1 Poularde, etwa 1,5 kg schwer, in acht Teile zerlegt, mit Haut und Knochen
3 EL Butter
3 mittelgroße Zwiebeln, gehackt
3 Knoblauchzehen, gehackt
2 scharfe grüne Chilischoten, von Rippen und Kernen befreit und in 3 mm große Würfel geschnitten
1 Stück frischer Ingwer, gerieben
2 säuerliche Äpfel (z.B. Boskoop oder Jamba), geschält, entkernt und in 6 mm dicke Würfel geschnitten
2 EL erstklassiges Currypulver
2 EL ungesüßte Kokoscreme aus der Dose
2 Kardamomschoten, gestoßen
1 Becher Sahnejoghurt
knapp 1/2 l Hühnerbrühe
1 Stengel Zitronengras, geschält, oder ein 5 cm langes Stück
Zitronenschale
Salz nach Geschmack
1 EL Zitronensaft
2 EL Koriandergrün, gehackt

In einem großen Topf das Öl bei starker Hitze erhitzen. Die Hühnerstücke von allen Seiten anbraten und beiseite stellen.

Das Fett abgießen und Butter in den Topf geben. Wenn die Butter aufschäumt, Zwiebeln und Knoblauch hinzugeben und andünsten, bis sie glasig sind. Chilis, Ingwer und Äpfel dazugeben und weitere 3 Minuten garen, bis die Äpfel weich werden. Das Currypulver einrühren und etwa 1 Minute weiterkochen, bis alles gut vermengt ist. Die Kokoscreme, Kardamom und Joghurt dazugeben und gründlich verrühren. Das Hühnerfleisch dazugeben und wieder etwa 1 Minute kochen, bis alle Zutaten gut vermengt sind.

Die Brühe aufgießen, das Zitronengras dazugeben und mit Salz würzen. Zum Kochen bringen, die Hitze reduzieren und unter gelegentlichem Rühren etwa 1 Stunde leise kochen lassen. Zitronensaft und Koriander einrühren. Das Zitronengras entfernen.

Servieren Sie das Curry-Huhn zusammen mit körnig gekochtem Reis.

Für 4 Personen

Hausgemachter Boudin mit Äpfeln

Die kleinen, aromatischen Bratwürstchen, die man in Frankreich serviert, heißen Boudin. Sie selber zu machen ist eine mühselige Arbeit, die nur leidenschaftliche Hobbyköche in Angriff nehmen sollten, aber es lohnt die Mühe.

25 g gedörrte Äpfel, in Würfel geschnitten
4 EL Apfelschnaps oder Calvados
225 g Hähnchenbrustfilet, entbeint und gehäutet
225 g mageres Schweinefleisch
175 g grüner Speck
¼ l Crème fraîche
1 EL frisch gehackte Petersilie
¼ TL frisch gehackte Salbeiblätter
¼ TL frisch gehackter Thymian
1 TL Cayennepfeffer
⅛ TL gemahlener Kümmel
1 Prise Piment
1 TL Salz
4 EL Butter
1 kleine Zwiebel, fein gehackt
2 Eigelb
12 Naturdärme (für Würste)
4 Golden Delicious, als Beilage zum Boudin

Die Boudinmasse vorbereiten: in einer kleinen Schüssel die gedörrten Äpfel im Apfelschnaps einweichen und mit genug Wasser bedecken. Beiseite stellen, bis sie gequollen sind.
Fleisch in kleine Würfel schneiden. Alles zusammen zweimal durch den elektrischen Fleischwolf drehen. Die Mischung in eine große Schüssel geben und kalt stellen.
Die Crème fraîche in einem schweren Topf bei mittlerer Hitze auf die Hälfte reduzieren. Abkühlen lassen.
Die Äpfel abtropfen lassen. Zusammen mit den Kräutern und den Gewürzen an die Fleischmischung geben und gut vermengen.
In einem mittelgroßen Topf 2 EL Butter bei mittlerer Hitze zerlassen und die Zwiebel darin dünsten, bis sie glasig ist, etwa 5 Minuten.
Eigelb mit der Crème fraîche verrühren und an die Fleischmasse geben. Die Zwiebeln zugeben und vermengen.
Die restliche Butter bei mittlerer Hitze zerlassen. Die Boudinmischung dazugeben und unter ständigem Rühren etwa 7 Minuten garen. Mischung abkühlen lassen.
Dann die Naturdärme mit Hilfe des entsprechenden Geräts (Plastikrohr, Trichter oder Spritzbeutel) mit der Masse füllen. Bis zur Verwendung kühl stellen. Die Mischung sollte etwa 12 kleine Boudins ergeben.
Die Boudins unter einem heißen Backofengrill grillen oder in einer leicht eingefetteten beschichteten Pfanne etwa 10 bis 12 Minuten anbraten.
Währenddessen die Äpfel schälen, entkernen und in Achtel schneiden.
Apfelstücke in eine beschichtete Pfanne legen und bei mittlerer Hitze braten, bis sie weich sind und eine goldene Farbe haben. Mit den Boudin servieren.

Für 4 Personen

Wachteln mit Calvadossahne

Dieses Gericht ist typisch für die Küche der Normandie, wo es Äpfel, Calvados und Sahne im Überfluß gibt.

4 Wachteln, aufgeschnitten, Rückgrat und Flügelspitzen entfernt
Salz und frisch gemahlener schwarzer Pfeffer
Mehl zum Bestäuben
8 EL Butter
1 EL Pflanzenöl
3 feste süße Äpfel (z.B. Golden Delicious oder Jonagold), geschält, geviertelt und entkernt
1 EL Zucker
1 Becher Crème fraîche
4 EL Calvados

Den Backofen auf 160 Grad C vorheizen.
Wachteln waschen und mit Küchenkrepp abtupfen. Mit Salz und Pfeffer würzen und leicht mit Mehl bestäuben.

In einem großen, schweren Topf 4 EL Butter und das Öl bei mittlerer Hitze zergehen lassen. Wenn die Butter aufschäumt, die Wachteln dazugeben, Hautseite nach unten. Die Wachteln mit einem Teller und Gewicht bedecken und 5 Minuten braten, bis sie goldene Farbe annehmen. Die Wachteln umdrehen und mit Teller und Gewicht bedeckt wieder 5 Minuten braten. Die Wachteln mit der Hautseite nach unten in eine feuerfeste Form legen und in den Backofen schieben.
Jedes Apfelviertel dritteln. Das Bratfett aus dem Topf abgießen und auf mittlere Hitze zurückschalten. Die restliche Butter zergehen lassen und die Äpfel zugeben. Mit Salz und Zucker bestreuen und die Äpfel auf beiden Seiten bräunen. Crème fraîche und Calvados dazugeben und aufkochen. Die Hitze reduzieren und etwa 7 Minuten köcheln lassen, bis die Äpfel weich sind, aber ihre Form behalten.

Mit der Schaumkelle die Äpfel herausnehmen und auf zwei vorgewärmten Tellern anrichten. Die Sauce aufkochen. Auf jeden Teller zwei Wachteln legen, Bratfond in die Sahnemischung rühren. Die Sauce 1 weitere Minute kochen und über die Wachteln verteilen.

Für 2 Personen

Schweinebraten mit glaciertem Gemüse, Backpflaumen und Äpfeln

Glückliche Schweine dürfen sich an Äpfeln ergötzen, bevor sie in den Schweinehimmel kommen. Für kommerzielle Zwecke gezüchtete Schweine genießen dieses Privileg gewöhnlich nicht, wenn man aber deren Fleisch mit Äpfeln, Backobst oder Apfelwein zubereitet, entschädigt das für manches.

2 kg Schweinebraten, am besten aus dem Rücken
2 EL frisch gehackte Salbeiblätter
Salz und frisch gemahlener schwarzer Pfeffer
½ l trockener Apfelwein
12 Backpflaumen
1 Zitronenscheibe
6 kleine Rüben, geschält, in Stücke geschnitten
12 kleine Zwiebeln, geschält und blanchiert
6 Möhren, geschabt, in 6 mm dicke Scheiben geschnitten
Zucker
6 große feste säuerliche Äpfel (z.B. Boskoop oder Granny Smith), geschält, entkernt, halbiert und in Drittel geschnitten
1 EL Dijonsenf
4 El Crème fraîche

Den Backofen auf 175 Grad C vorheizen.
Den Braten mit dem Salbei einreiben, salzen und pfeffern. Das Fleisch auf den Rost der Saftpfanne legen, ¼ l Apfelwein dazugießen und 1 Stunde im Backofen braten. Gelegentlich mit der Bratflüssigkeit übergießen.
Die Backpflaumen und die Zitronenscheibe in eine kleine Schüssel geben, mit kochendem Wasser bedecken und beiseite stellen.
Nach 1 Stunde Bratzeit ½ Tasse Bratensaft entnehmen. In einer Schüssel die Rüben, Zwiebeln und Möhren mit dem Bratensaft vermengen, mit ein wenig Zucker bestreuen. Das Gemüse auf den Boden der Fettpfanne verteilen und mit eventuell vorhandenem restlichem Bratensaft beträufeln. Eine weitere halbe Stunde garen.
Wieder ½ Tasse Bratensaft entnehmen, die Äpfel darin wenden, mit Zucker bestreuen und zurück in die Saftpfanne legen. Ungefähr eine weitere Stunde garen. Gelegentlich die Äpfel und Gemüse wenden, damit sie gleichmäßig bräunen.
Die Pflaumen abgießen und eventuelle Kerne entfernen. Die Pflaumen und den Saft aufbewahren.
Den Braten mit den Äpfeln und Gemüsen auf eine vorgewärmte Servierplatte legen, mit Alufolie abdecken und warm stellen.
Das überschüssige Fett aus der Saftpfanne abgießen. Saftpfanne auf große Flamme stellen und die restliche Tasse Apfelwein und ½ Tasse des Pflaumensafts dazugießen, den Bratensatz damit loskochen. Den Senf darunterrühren, salzen und pfeffern und weiter kochen, bis die Sauce sämig und glasig wird.
Die Sauce durchsieben und die Pflaumen zugeben. Aufkochen, Hitze reduzieren und ein paar Minuten köcheln lassen, bis die Pflaumen heiß sind. Die Pflaumen mit der Schöpfkelle herausnehmen und zu dem Braten und dem Gemüse auf die Platte legen.
Die Crème fraîche in die Sauce rühren und etwa 1 Minute erhitzen. Dann in eine vorgewärmte Sauciere gießen.
Mit dem Braten servieren.

Für 6 Personen

DESSERTS

Saftige, erfrischende Nachspeisen mit Äpfeln gehören zu den beliebtesten Gerichten überhaupt. Schließlich ist es kein Zufall, daß, wenn man einen beliebigen Menschen bittet, eine Obstsorte zu nennen, so gut wie jedem zuerst der Apfel einfällt. Er ist nicht nur wohlschmeckend und aromatisch, er ist auch das ganze Jahr verfügbar und war für unsere Vorfahren im Winter eine der wenigen Vitaminquellen.
Apfelkuchen sind überall auf der Welt beliebt, offen, gedeckt, mit Rosinen, Zimt oder Zuckerguß. Eine kleine Auswahl sei hier vorgestellt.

Zucker-Äpfel

Diese klebrige Schleckerei für Kinder ist nicht ganz leicht herzustellen, denn alles steht und fällt mit der Zuckertemperatur. Um keine Enttäuschung zu erleben, ist es sehr empfehlenswert, mit einem Zuckerthermometer zu arbeiten.

4 bis 5 kleine, feste Äpfel
1 Tasse Zucker
1 Päckchen Vanillezucker
¾ Tasse Sirup
1 Tasse Crème double
2 EL Butter

Die Äpfel waschen und abtrocknen, Stiele entfernen und in jedes Stielende einen Holzspieß stecken. Vorbereitete Äpfel beiseite stellen.
In einem kleinen Topf Zucker, Vanillezucker, Sirup, Crème double und Butter vermengen und auf großer Flamme erhitzen. 3 bis 5 Minuten aufkochen, oder bis das Zuckerthermometer 120 Grad C anzeigt. Von der Kochstelle nehmen. Rasch jeden Apfel einzeln in die Masse eintauchen und gut drehen, damit er ganz überzogen wird. Den Holzspieß zwischen die Handflächen klemmen und kurz zwirbeln, um die Glasur abzukühlen. Aufrecht auf Wachspapier oder ein eingeöltes Tablett stellen und abkühlen lassen.

Reicht für 4 bis 5 kandierte Äpfel

Karamelisierte Bratäpfel

Zucker und Gewürze erübrigen sich bei frisch geernteten Äpfeln.
Ein Schuß Apfelwein in der Bratpfanne tut es auch.

6 mittelgroße Äpfel (z. B. James Grieve oder Ingrid Marie)
1/4 l Apfelwein
6 EL Sirup
150 g Zucker

Den Backofen auf 190 Grad C vorheizen. Die Kerngehäuse ausstechen und die Äpfel bis auf einen etwa 4 cm dicken Streifen schälen. Die Äpfel in einer Backform anordnen und den Apfelwein darübergießen. Etwa 40 Minuten im Ofen braten, bis die Äpfel weich, aber nicht matschig sind. Mit einem Backpinsel die Äpfel mehrmals bestreichen.

Auf einer Servierplatte anordnen, den Saft weggießen. Vor dem Karamelisieren die Äpfel auskühlen lassen.

In einer Schüssel den Sirup mit 1/3 Tasse kochendheißem Wasser verrühren und beiseite stellen. Den Zucker in einen Topf geben und bei starker Hitze mit der Sirupmischung vermengen, indem der Topf gerüttelt wird. Von der Kochstelle nehmen und weiterrütteln, bis der Zucker sich aufgelöst hat. Keinen Löffel verwenden!

Wieder auf die Kochstelle setzen und aufkochen. Den Topf weiter schwenken, bis der Sirup eine goldene Farbe annimmt. Von der Kochstelle nehmen und rasch über die Äpfel löffeln. Die heißen Bratäpfel mit eiskalter Schlagsahne oder Crème fraîche servieren.

Für 6 Personen

Knusper-Apfel

Dies ist eine Art Streuselkuchen ohne den Kuchen – nur Frucht und knusprige Kruste! In Amerika ist dieses unkomplizierte Dessert sehr beliebt.

Kruste:
75 g Pecannußhälften
150 g Mehl
50 g brauner Zucker
4 EL Zucker
1/8 TL Zimt
1 EL abgeriebene Orangenschale
75 g weiche Butter

Füllung:
6 Äpfel (z.B. Golden Delicious oder Idared), geschält, entkernt und in Stücke geschnitten
1 EL Zucker
4 EL Preiselbeerkompott

Die Pecannüsse 5 Minuten in einer Pfanne ohne Fett rösten, abkühlen lassen und hacken. In einer großen Schüssel die trockenen Zutaten mit der Orangenschale vermengen und die Butter mit der Hand einarbeiten. Wenn die Mischung krümelt, die Pecannüsse untermengen und beiseite stellen.
Den Backofen auf 190 Grad C vorheizen. In einer Schüssel die Äpfel mit etwas Zucker bestreuen und mit den Preiselbeeren vermengen. Die Füllung in eine Backform geben, glätten und die Streusel gleichmäßig darüber verteilen. Mit Alufolie abdecken und 20 Minuten backen. Die Folie entfernen und weitere 20 Minuten backen, bis die Oberfläche knusprig braun ist und die Äpfel weich sind. Mit Eiscreme oder Schlagsahne servieren.

Für 6 bis 8 Personen

Apple Brown Betty

Brown Betty ist allseits beliebt und typisch amerikanisch. Das Geheimnis des ganz speziellen Geschmacks: der Sherry.

12 EL Butter
etwa 3 Tassen frische Brotkrümel (im Mixer zerkleinert)
6 feste Äpfel (z.B. Goldparmäne), geschält, entkernt und in hauchdünne Scheiben geschnitten
250 g rotes Johannisbeergelee
2 cl trockener Sherry
Schlagsahne zum Servieren nach Geschmack

Den Backofen auf 190 Grad C vorheizen. Eine ovale Auflaufform großzügig einfetten. Den Boden der Backform mit Brotkrümeln 3 mm dick bestreuen. Butterflocken auf die Brotkrümel streuen. Eine Lage Äpfel fächerförmig darauf anordnen, wobei die Scheiben überlappen dürfen. Eine feine Schicht Johannisbeergelee darauf verstreichen. Wieder eine Lage Äpfel darauf verteilen, usw. Bei der dritten Lage Äpfel die Äpfel nach unten drücken, und weiter wie gehabt. Jede Lage Äpfel nach unten drukken. 5 Lagen Äpfel sollten Sie schaffen. Mit den restlichen Brotkrümeln bestreuen und die restlichen Butterflocken darauf verteilen.
Mit Alufolie bedecken und 15 Minuten backen. Die Folie entfernen und weitere 40 Minuten backen (30 Minuten, wenn Sie einen zarten Apfel verwenden). Den Sherry über das Ganze träufeln und weitere 5 Minuten backen, bis die Oberfläche eine goldene Farbe hat und die Äpfel sich leicht mit einem scharfen Messer anstechen lassen. Leicht abkühlen lassen und noch warm mit Schlagsahne servieren.

Für 6 Personen

Pie-Teig

Dieser Teig eignet sich für die meisten Kuchen, Torten und Apfeltaschen.

450 g Mehl
1 TL Salz
225 g kaltes Schweineschmalz, Margarine oder Butter, in Stücke geschnitten
1 Ei
knapp 80 ml Milch

Das Mehl und das Salz in die Rührschüssel einer Küchenmaschine sieben. Das Schmalz zugeben und mit dem Teigrührer auf niedriger Stufe rühren, bis die Mischung körnig wie feines Maismehl erscheint.
In einer mittelgroßen Schüssel das Ei mit der Milch verschlagen und zu der Mehlmischung geben. Bei höherer Geschwindigkeit rühren, bis der Teig einen Klumpen bildet und sich vom Schüsselrand löst. Den Teig in 3 gleich große Teile teilen, in Klarsichtfolie einwickeln und 2 Teigklumpen mindestens 20 Minuten im Kühlschrank lassen. Den dritten Klumpen für spätere Verwendung einfrieren.
Auf einer gut bemehlten Unterlage eine der Teigkugeln zu einer 3 mm dicken Scheibe ausrollen, so daß er in eine Tortenform von etwa 20 cm Durchmesser paßt und am Rand überhängt. Den Teig in die ungefettete Tortenform legen, den überstehenden Teig abschneiden und den Rand festdrücken. Den Teig gleichmäßig mit zerlassener Butter bestreichen und beiseite stellen. Für einen Deckel ebenso verfahren.

Die Menge ergibt genug Teig für einen Pie mit Deckel und einen Teigboden oder -deckel für einen zweiten.

Amerikanischer Apple Pie

Am besten gelingt die Teigkruste nach wie vor mit Schweineschmalz. Margarine ist etwas für Gesundheitsbewußte. Amerikaner essen diesen Pie entweder mit Vanilleeis oder mit pikantem Cheddarkäse

1 Portion Pie-Teig (siehe Grundrezept links)

Füllung:
4 bis 6 säuerlich-süße feste Äpfel (z.B. Gravensteiner oder Jamba), geschält, entkernt und in Scheiben geschnitten
1 EL Zucker
2 EL Mehl
1 TL Vanillezucker
1/8 l Schlagsahne

Den Backofen auf 220 Grad C vorheizen. Eine Tortenform mit dem Pie-Teig auskleiden.
In einer großen Schüssel die Äpfel mit dem Zucker und Mehl vermischen, Vanillezucker und Sahne dazugeben. Beiseite stellen. Die Ränder des Teigbodens mit ein wenig Wasser anfeuchten und die Apfelmischung in die Tortenform geben. Den Teigdeckel über die Äpfel legen, den Rand hochklappen, die Ränder zusammendrücken und verschließen. Mit einem scharfen Messer in die Mitte des Teigdeckels kleine Schlitze schneiden, damit der Dampf entweichen kann. Aus optischen Gründen kann auch ein Teiggitter darübergelegt werden.
Nach 10 Minuten Backzeit die Temperatur auf 175 Grad C herunterschalten und 30 bis 40 Minuten backen, bis die Kruste goldbraun ist und die Äpfel sich mit einer Spicknadel leicht anstechen lassen.
Warm oder auf Zimmertemperatur abgekühlt mit Vanille-Eiscreme oder Cheddarkäse servieren.

Für 8 bis 10 Personen

Apfeltorte

Eine rustikale Nachspeise, wie ich sie aus dem Haus von Freunden in der Provence kenne.

1 Portion Pie-Teig (siehe Grundrezept Seite 76), jedoch mit Butter und
1 EL Zucker bereitet
4 oder 5 Äpfel (z.B. Golden Delicious), geschält, entkernt und in 6 mm dicke Scheiben geschnitten
1 EL Zitronensaft
2 EL Zucker
6 EL Aprikosenkonfitüre

Den Backofen auf 220 Grad C vorheizen.
Die Apfelscheiben mit dem Zitronensaft vermengen und beiseite stellen.
Auf einer leicht bemehlten Arbeitsfläche ⅔ des Teiges zu einem länglichen Rechteck ausrollen, etwa 3 mm dick, damit es auf ein großes Backblech paßt. Den Teig auf das Backblech legen. Den restlichen Teig für einen anderen Zweck aufheben oder einfrieren.
Die Apfelscheiben in Reihen auf dem Teig auslegen, wobei sich die Scheiben leicht überlappen sollen, etwa 2,5 cm Teigrand stehen lassen. Den Teigrand leicht über die Äpfel klappen. Die Äpfel mit 2 EL Zucker bestäuben.
25 bis 30 Minuten backen, bis die Äpfel und die Kruste goldbraun sind. Aus dem Ofen nehmen und mit dem restlichen Zucker bestäuben.
Die Aprikosenmarmelade bei mäßiger Hitze zerlassen. Mit einem Backpinsel die Äpfel leicht damit glasieren.

Für 8 bis 10 Personen

Apfel-Sorbet

Ein erfrischender Zwischengang bei einem großen Dinner oder ein besonders festliches Dessert, wenn es mit warmer Karamelsauce serviert wird.

6 rote Äpfel (z.B. Idared oder Ingrid Marie)
1 EL Zitronensaft
1 l Wasser
150 g Zucker
1 TL Vanillezucker

Die Äpfel waschen und mit Schale und Kerngehäuse in Viertel schneiden. In einen Edelstahltopf geben und mit dem Zitronensaft vermengen. Wasser, Zucker und Vanillezucker zugeben und bei großer Hitze zum Kochen bringen.
Die Hitze reduzieren, zudecken und 45 Minuten kochen lassen, bis die Äpfel weich und mürbe sind.
Die Mischung durch ein Sieb in eine Schüssel passieren, Schale und Kerne wegwerfen. Mus im Kühlschrank durchkühlen lassen, in einen Speiseeisbereiter gießen und nach Vorschrift einfrieren lassen.

Ergibt etwa 4 Liter

Apfeltaschen

Im Winter pflegte meine Mutter uns Kinder zum Frühstück mit Apfeltaschen zu überraschen. Diese machte sie aus dem Teig, der von der Apfeltorte übriggeblieben war.

1 Portion Pie-Teig (siehe Grundrezept Seite 76), mit Butter oder Margarine gemacht

Füllung:
1 kleines Glas Kirschkompott
½ TL gemahlener Zimt
frisch geriebene Muskatnuß
1 TL abgeriebene Orangenschale
100 g gehackte Walnüsse
1 EL Butter
4 mittelgroße feste Äpfel (z.B. Glockenapfel), geschält, entkernt und in dünne Scheiben geschnitten
1 Ei
Zucker zum Bestäuben

Kirschen mit einem Teil ihrer Flüssigkeit, Zimt, Muskat und Orangenschale bei milder Hitze 15 Minuten garen. Flüssigkeit abgießen, Nüsse zufügen, abkühlen lassen.
Die Butter in einem mittelgroßen Topf zerlassen. Die Äpfel zugeben und andünsten, bis sie weich sind, aber nicht zerfallen.
Die Äpfel mit der Kirschenmischung in einer großen Schüssel vermengen und abkühlen lassen.
Den Teig in zwei Hälften teilen. Die eine Hälfte auf einer bemehlten Unterlage in ein großes Rechteck ungefähr 3 mm dick ausrollen. Mit einem Teigrädchen, das mehrfach in Mehl getaucht wird, damit nichts anklebt, 8 Rechtecke ausschneiden. Auf jedes Rechteck einen Löffel der Füllung geben.
Das Ei mit 1 EL kaltem Wasser verschlagen und die Teigränder damit einpinseln. Den Teig zu einem Dreieck übereinanderklappen und die Ränder leicht zusammendrücken.
Ein Backblech mit Pergamentpapier auslegen und die Apfeltaschen darauflegen. 20 Minuten in den Kühlschrank stellen.
Genauso mit der zweiten Teighälfte und der Füllung verfahren.
Den Backofen auf 175 Grad C vorheizen.
Die Ränder der Teigtaschen mit einem Teigrädchen mit gezacktem Rand abschneiden. Die Oberseite der Teigtaschen mit dem restlichen geschlagenen Ei bepinseln und mit einem scharfen Messer kleine Schlitze schneiden. Leicht mit Zucker bestreuen.
30 bis 35 Minuten backen, bis die Apfeltaschen eine goldbraune Farbe haben.
Auf einem Kuchenrost abkühlen lassen.

Ergibt etwa 16 Teigtaschen

Apfel-Pfannkuchen

Pfannkuchen mal ganz anders: Er wird im Backofen gegart und in der Pfanne serviert!

Pfannkuchenteig:
75 g Mehl
1 EL Zucker
½ TL Backpulver
1 Prise Salz
4 Eier
¼ l Milch
2 EL Butter, zerlassen
2 TL abgeriebene Orangenschale
1 TL Vanillezucker
Reichlich gemahlene Muskatnuß

Fruchtfüllung:
4 EL Butter
½ EL Zucker
½ TL Zimt
¼ TL Muskat
2 große säuerliche Äpfel (z.B. Boskoop), geschält, entkernt, halbiert und in dünne Scheiben geschnitten
Puderzucker zum Bestreuen nach Geschmack

Mehl, Zucker, Backpulver und Salz in eine große Schüssel sieben. In einer mittelgroßen Schüssel die Eier schlagen, Milch dazugeben und schlagen, bis eine glatte Masse entsteht. Das Mehl unter die Masse ziehen, die zerlassene Butter, Orangenschale, Vanillezucker und Muskat dazugeben. Gut verrühren und 30 Minuten beiseite stellen.
Den Backofen auf 220 Grad C vorheizen
Die Fruchtfüllung vorbereiten: Die Butter in einer ofenfesten Form von 25 cm Durchmesser bei mittlerer Hitze zerlassen. Die Form schwenken, damit die Ränder gut mit Butter überzogen werden. Von der Flamme nehmen.
Zucker und Gewürze mischen und die Hälfte der Mischung in die Form streuen. Die Form gleichmäßig mit den Apfelschnitzen auslegen und die restliche Zuckermischung darüberstreuen.
Die Form bei mittlerer Hitze auf die Flamme stellen. Wenn der Zucker anfängt zu brodeln, den Pfannkuchenteig gleichmäßig über die Äpfel gießen. Die Form in den Backofen stellen und 10 Minuten backen. Die Temperatur auf 190 Grad C zurückschalten und weitere 10 Minuten backen, bis der Pfannkuchen eine goldene Farbe hat und in der Mitte noch weich ist.
Mit Puderzucker bestäuben.

Für 4 Personen

Apfelschnee

Dieses lockere Dessert ist die richtige Erfrischung nach einem üppigen Essen.

3 ½ Tassen Apfelmus (siehe Grundrezept Seite 42)
2 Eiweiß
⅛ TL Zitronensaft
50 g Zucker

Apfelmus im Kühlschrank kalt stellen. Das Eiweiß mit dem Zitronensaft auf niedriger Stufe mit dem elektrischen Handrührgerät schlagen. Wenn das Eiweiß steif wird, langsam den Zucker zugeben und weiterschlagen, bis steifer Eischnee entsteht. Den Eischnee unter das gekühlte Apfelmus heben und im Kühlschrank gut durchkühlen.

Für 4 Personen

GETRÄNKE

In allen Ländern, in denen Äpfel wachsen, hat man auch gelernt, daraus erfrischende Getränke zu bereiten. Das beginnt mit hausgepreßtem Apfelsaft oder dem einfachen Kindergetränk, mit dem man im frühen Amerika Kinderdurst stillte: Apfelscheiben, mit Zucker und kochendem Wasser gemischt und nach einiger Zeit durch ein Sieb gegossen. Der so entstandene Saft kann heiß oder kalt getrunken werden. Aber auch der Most, der fermentierte Apfelwein, ist in vielen Ländern bekannt. Ob das der Äppelwoi aus Hessen ist, der Most, der den oberösterreichischen Mostschädeln ihren Spitznamen gab, oder der würzige Cidre aus der Normandie.
Und zu brennen verstand man den Apfel auch – vom schlichten Apfelschnaps amerikanischer Siedler bis zum edlen, jahrzehntelang im Faß gereiften Calvados.

Apfel-Brandy-Cocktail

*Diesen raffinierten Cocktail bekommen
Sie nur dort, wo ein geübter Barkeeper
hinter dem Bartresen steht.*

2 cl Apfelbrandy
1 TL Grenadine
1 TL Zitronensaft

Cocktailshaker mit Eis füllen und alle Zutaten hineingeben.
Gut schütteln, bis der Shaker sich eisig anfühlt, durch den Strainer in ein eisgekühltes Glas gießen.

Ergibt 1 Cocktail

Heißer Apfelwein mit Rum

*Ein hervorragendes Mittel gegen Erkältung
und Schnupfen.*

2 EL weiche Butter
1 1/2 EL brauner Zucker
4 lange Streifen Orangenschale
8 Gewürznelken
4 Zimtstangen
4 cl brauner Rum
1/2 l heißer Apfelwein

Die Butter mit dem Zucker vermengen und beiseite stellen.
Die Orangenschale mit je zwei Gewürznelken spicken. In jedes Glas oder jeden Becher eine Orangenschale, eine Zimtstange und 1 cl Rum geben. Heißen Apfelwein darübergießen und mit einem Stück Butter garnieren.

Ergibt 4 Portionen

Heißer Apfelwein mit Rum

Von links nach rechts: Cape Cod Jack, Apfel-Cocktail, Apple Blossom und prickelnder Apfelpunch

Cape Cod Jack

Die Sitte, Preiselbeersaft mit alkoholischen Getränken zu mischen, stammt aus New England, getrunken wird es aber überall.

2 cl Apfelschnaps
2 cl Preiselbeersaft
1 EL Zuckersirup

Ein großes Old-Fashion-Glas mit Eis füllen, Zutaten hineingeben und umrühren.

Ergibt 1 Cocktail

Apfel-Cocktail

Die ersten weißen Siedler in Amerika lernten, aus den vorhandenen Äpfeln einen rauhen Schnaps zu brennen, den sie Applejack nannten. Wir ersetzen ihn hier am besten durch Calvados.

1 cl Calvados
1 cl Apfelwein
½ cl Gin
½ cl Cognac

Alle Zutaten über Eis in einen Cocktailshaker gießen. Schütteln, bis der Shaker kalt anläuft, und in eisgekühlte Cocktailgläser gießen.

Ergibt 2 Cocktails

Apple Blossom

Die rauhe Note einfacher Calvadossorten wird durch den samtigen Vermouth geglättet

1 cl Calvados oder Apfelschnaps
1 cl italienischer roter Vermouth
½ cl heller Rum
½ TL Grenadine
1 TL Zitronensaft

Einen Cocktailshaker mit Eis füllen und alle Zutaten hineingeben. Schütteln, bis der Shaker kalt anläuft, und durch den Strainer in ein eisgekühltes Cocktailglas gießen.

Ergibt 1 Cocktail

Prickelnder Apfelpunch

Statt teuren Champagner zu kaufen, versuchen Sie mal diese schäumende Variante.

1 TL Puderzucker
½ TL Zitronensaft
1 cl Apfelschnaps
Moussierender Apfelwein, gekühlt

Zucker, Zitronensaft und Apfelschnaps in einem hohen Highball-Glas verrühren, bis der Zucker sich aufgelöst hat. 3 Eiswürfel hineingeben und mit dem Apfelwein auffüllen.

Ergibt 1 Cocktail

REGISTER

DANKSAGUNG

Ich möchte all den Kollegen und Freunden danken, die mir bei diesem Buch halfen und mich immer wieder anspornten: Ted Donahue, dem rasanten Forscher, Jon Gilman, Clay and Nevin, die den besten Apfelkuchen ausgesucht haben, und Cheryl Merser für ihre wertvolle Hilfe. Mein spezieller Dank gilt allen bei Collins Publishing, San Francisco, besonders Lena Tabori, die mein Buch in diese Reihe aufgenommen hat, Jenny Barry für das Design, Meesha Halm für das Lektorat, Kathryn Kleinman für ihre wundervollen Fotografien und Stephanie Greenleigh für das Food-Styling.

Christopher Idone

Für die Fotos:
Collins und das Fotografenteam möchten ebenfalls den folgenden Personen danken: Michaele Thunen, Blumen und Requisite; Michele Miller und Dimitri Spathis, Fotoassistenten; Pat Brill, Food-Styling-Assistent; Barbara Beal, Jim und Rosemary Jolley und Penelope Hunt, Location; Mimi Luebbermann und Sara Slavin, Requisite; Harmony Farm Supplies; Davies and Starr; Bonnie Grossman in der AMES Galerie in Berkeley; der Cyclamen Töpferei in Berkeley; Bill Fujimoto vom Monterey Market in Berkeley, Californien; dem Internationalen Apfel Institut und der Washington State Apple Commission.

Jörn Pinske

Miniaturorchideen

Arten und Kultur

Naturbuch Verlag

Der Autor: Jörn Pinske, Jahrgang 1945, lebt in Habighorst; dort betreibt er auch sein auf exotische Pflanzen spezialisiertes Gewächshauszentrum. Weitere Publikationen u. a. „Wunderwelt der Orchideen" (Hirmer 1976), „Orchideen für Zuhause" (BLV, 1984).

Der Umschlag zeigt SLC. Hybride (Vorderseite, großes Photo), *Bulbophyllum* Wendland. (Vorderseite, kleines Photo), *Oncidium variegatum* (Rückseite)
Das Photo auf S. 2 zeigt: *Maxillaria variabilis,* S. 4/5: *Aërangis rhodosticta,* S. 6: *Laelia pumila dayana,* S. 7: *Pleurothallis spec.*

Bildnachweis:
Rudolf Simon: S. 2, S. 4, S. 7, S. 20, S. 31, S. 45, S. 50, S. 51 u., S. 52, S. 53, S. 54, S. 55, 56 o., S. 58, S. 59, S. 62 u., S. 63 u., S. 67, S. 68 o., S. 69, S. 71, S. 73 u. S. 76, S. 77, S. 78/79, S. 79, S. 80, S. 81, S. 82, S. 85, S. 86, S. 88, S. 89, S. 91, S. 92, S. 93, 96, 97
Wolfgang Redeleit: S. 21, S. 27, S. 48, S. 59, S. 64, S. 65, S. 66/67, S. 74, S. 87, S. 102/103
Willibald Königer: S. 24/25
Alle anderen Photos vom Autor

Die Deutsche Bibliothek – CIP-Einheitsaufnahme

Pinske, Jörn:
Miniaturorchideen : Arten und Kultur / Jörn Pinske. [Zeichn.: Elisabeth Jansen]. – Augsburg : Naturbuch-Verl., 1993
ISBN 3-89440-043-9
NE: HST

Naturbuch Verlag

Lektorat: G. Lauermann
Reproduktionen: Colorline, Verona
Umschlagphotos: Jörn Pinske und Wolfgang Redeleit
Umschlaggestaltung: Peter Engel, Grünwald
Zeichnungen: Elisabeth Jansen
Satz: Gesetzt aus der 9 3/4 / 11 1/2 P. Novarese von Cicero Lasersatz, Augsburg
Druck und Bindung: Druckerei Appl, Wemding
Printed in Germany
ISBN 3-89440-043-9

Inhalt

Einleitung

Warum gerade ein Buch über Miniaturorchideen? Eigentlich ist es doch die „große" Blüte, die für Aufmerksamkeit sorgt, gerade bei Orchideen. So werden in den Orchideenbüchern die „Kleinen" nur am Rande erwähnt, obwohl nahezu zwei Drittel aller Orchideen zu den „Zwergen" zu zählen sind. Reicht es nicht, wenn man erwähnt, daß es Miniaturformen gibt? – Oder sind sie doch etwas Besonderes, mehr als nur ein „klein" wenig anders als die „größeren" Familienmitglieder, auch in der Kultur?

Daß es gerade die kleinen Vertreter der Familie sind, die uns besonders reizen, hat sicher verschiedene Ursachen. Nicht zuletzt ist es die Vorliebe des Menschen für das „Babyhafte". „Wie putzig, wie süß, wie niedlich", mit solchen Attributen versehen wir alle Dinge, die in uns den „Beschützerinstinkt" wecken. Aber doch nicht bei Orchideen werden Sie jetzt vielleicht denken, ich glaube doch! Auch kleine Orchideen werden zu Recht als „niedlich", „putzig", „entzückend" usw. bezeichnet.

Bei den Miniaturorchideen werden uns zunächst solche Exemplare faszinieren, deren Blüten, im Verhältnis zur Pflanzengröße, riesig erscheinen. Ein Beispiel hierfür ist die *Laelia pumila*. Schließlich erweitert sich unsere „Liebe" auf andere Pflanzen, die durch Blütenfülle, Form oder Farbe bestechen. Vertreter der Gattungen *Restrepia, Pleurothallis* und *Stelis* wären zu nennen. Ja, – und dann steckt man schon mittendrin in der „Liebe" zu den Kleinen und wir finden rationale Gründe, wie z. B. Platzmangel, die unsere Leidenschaft für die Kleinen auch Unbeteiligten verständlich machen.

Was sind nun aber eigentlich Miniaturorchideen, Zwergorchideen oder kurz Minis?

Leider gibt es dafür keine einheitliche Regel, derzufolge etwa Pflanzen bis zu einer Größe von soundsoviel Zentimetern als Miniaturorchideen zu gelten hätten. Vielmehr bezeichnet man als Miniaturorchideen Gattungen, die in allen ihren Arten recht klein bleiben und Arten, die in einer an sich „normal" großen Gattung kleinwüchsig ausfallen. Hier sei noch einmal auf *Laelia pumila* hingewiesen. Die Gattung hat Arten mit recht beachtlicher Größe, so die bekannte *Laelia purpurata*.

Im Grunde bleibt es jedem selbst überlassen, was er noch als Miniaturorchidee ansehen will.

Keine der hier aufgeführten Pflanzen überschreitet die Gesamtgröße von 15 cm –, die Blüte nicht mitgerechnet. Bei den vorgestellten Exemplaren werden die Angaben zur jeweiligen Größe nicht fehlen, so daß man seine eigene Auswahl treffen kann.

Nicht immer war es die verhältnismäßig große oder interessante Blüte, die als Auswahlkriterium diente, sondern auch der auffällige Habitus einer Orchidee konnte den Ausschlag geben, die Orchidee hier zu beschreiben. Leider mußte die Auswahl insgesamt begrenzt bleiben. So sind im folgenden einfach die Zwergorchideen versammelt, die mich besonders ansprechen!

Eines muß sich der Leser immer wieder vor Augen führen, die Zahl der Orchideen ist riesengroß, man schätzt heute ca. 25 000 Arten, wovon sicher fast zwei Drittel als Miniatur-Orchideen gepflegt werden können!

In den vergangenen Jahrzehnten war das Interesse hauptsächlich auf die großblumigen, und damit meist auch großvolumigen Pflanzen gerichtet. Die Sammler ließen die „Kleinen", im wahrsten Sinn des Wortes, am Rande liegen. So werden bestimmt noch manche Pflanzen, die vielleicht der Botanik bekannt, aber auch solche die noch gar nicht entdeckt wurden, den Weg zu uns finden.

In diesem Buch gilt es vor allen Dingen das Interesse des Lesers und/oder Orchideenliebhabers für die Miniaturorchideen überhaupt erst einmal zu wecken, außerdem Kulturhinweise zu vermitteln. Nicht alle genannten Pflanzen werden jederzeit im Handel zu erhalten sein, aber dann gibt es andere, ähnliche.

Von den Orchideen im allgemeinen

Da man Miniaturorchideen praktisch in allen Gattungen findet, muß uns zunächst die gesamte Orchideenfamilie interessieren. Was sind Orchideen eigentlich, wodurch unterscheiden sie sich von anderen Pflanzen? Was müssen wir als Liebhaber der „Kleinen" über die „Großen" wissen?

Orchideen gibt es auf dem gesamten Erdball, wenn man einmal von den großen Wüstengebieten und von polaren Zonen absieht. Einige leben im tropischen Klima, andere im gemäßigten – und gar nicht wenige in Bereichen, die auch „Frost" kennen. Nicht zuletzt zählen hierher unsere heimischen Orchideen.

Sie müßten eigentlich auch zu den Miniaturorchideen gerechnet werden. Da hier aber Orchideen angesprochen werden, die im Zimmer, im Gewächshaus oder Wintergarten kultiviert werden, beschränken wir uns auf die tropischen Gattungen. Auffällig bei den Orchideen ist ihre große Zahl. Immerhin schätzt man 25 000 Arten, man, das heißt in diesem Fall die Wissenschaft. Die Botaniker sind sich über die Zahl zwar nicht ganz einig – laufend werden neue Arten beschrieben, bzw. gestrichen, andere als Varietäten einer Art zugeordnet –, die genaue Zahl spielt aber für den Kultivateur und Hobbygärtner keine Rolle, wichtig ist nur, daß für jeden Klimabereich und Geschmack welche dabei sind.

„Orchis" ist die griechische Bezeichnung für Hoden. Die Ähnlichkeit der Rhizome, also der verdickten Sproßachse, mit den Hoden, gab den Knabenkräutern ihren Namen. Das Knabenkraut, besser die Knabenkräuter, haben dann später der gesamten Familie der Orchidaceae ihren Namen gegeben. Als man die Knabenkräuter beschrieb und benannte, wußte man noch nichts von den tropischen Verwandten. Knabenkräuter waren bei den Griechen als Aphrodisiakum geschätzt. Die äußere Form galt als Hinweis auf die „erhoffte" Wirksamkeit. Dieser Irrglaube hat sich bis in unser Jahrhundert erhalten.

Die erste tropische Orchidee in Europa war *Brassavola nodosa*, übri-

gens eine richtige Miniaturorchidee, sie blühte 1615 in Holland. Zwar hatte man vorher schon die aromatischen Samenschoten der Vanille kennen- und schätzen gelernt (1510), aber ohne zu wissen, daß es sich hier um eine den Knabenkräutern verwandte Pflanze handelt.

Erst der berühmte Botaniker Carl v. Linné benannte 1753 sechzehn tropische Orchideen. Mit der Einführung seiner binären Nomenklatur, der heute noch üblichen Pflanzenbenennung, brachte er Ordnung in das „Durcheinander" mystischer Pflanzenbezeichnungen. Er war es auch, der eine epiphytische Orchidee Epidendrum (griechisch = auf dem Baum sitzend) nannte. Auf die Bezeichnung Epiphyt werden wir noch ausführlich zu sprechen kommen.

Mit dem Handel aus überseeischen Gebieten kamen in den folgenden Jahrzehnten auch immer mehr Orchideen nach Europa. Ihre „Blütezeit" erlebten die Orchideen in der Mitte des 19. Jahrhunderts, sie hielt bis über die Wende zum 20. Jahrhundert an.

Orchideengeschichte und -geschichten sind aber nicht nur aus der Sicht der Europäer zu sehen, auch in den Ursprungsländern der tropischen Orchideen hat man sich mit diesen Pflanzen beschäftigt. So kannte man in China im ersten Jahrtausend vor Chr. schon *Cymbidium* als Schmuck- und Kübelpflanzen für Haus und Garten. Bevor die Spanier nach Mexiko gelangten, kultivierte man schon Vanille als Schmuck- und Nutzpflanze *(Vanilla planifolia)*.

Im „kalten" Europa vermittelten tropische Pflanzen, nicht nur Orchideen, sondern vor allen Dingen Pflanzen wie Gummibaum oder Philodendron, den Eindruck tropischer Vegetationsfülle. Sie weckten die Sehnsucht nach dem Paradies des Südens. Sammlungen mit tropischen Pflanzen, viele mit Orchideen, entstanden. Der kommerzielle Handel mit diesen tropischen Pflanzen begann. Botaniker und Sammler wurden in neue Gebiete auf Orchideensuche geschickt. Welche Strapazen diese Männer auf sich nahmen geht aus ihren noch heute lesenswerten Reiseberichten hervor. Nicht nur Idealismus, Abenteurertum oder gar Liebe zu den Pflanzen trieb sie in den Urwald, auch Geldgier war ein Motiv für sie und ihre Auftraggeber in der Alten Welt. Viele gesammelte Orchideen gingen zwar noch bei der beschwerlichen Rückreise ins ferne Europa verloren, was aber in die europäischen Gärtnereien, vor allen Dingen nach England, gelangte wurde „fürstlich" bezahlt. Leider haben die Sammler manche begehrte Orchidee schon im vorigen Jahrhundert durch Aufsammlung fast vollständig ausgerottet.

Brassavola nodosa, die erste tropische Orchidee in Europa, eine richtige Miniaturorchidee.

Mit der Verbesserung der Transportmöglichkeiten stiegen die Überlebenschancen der Orchideen: schnellere Schiffe, Wegebau in den Kolonien machten es möglich. In der Mitte des vorigen Jahrhunderts entwickelte der englische Arzt und Pflanzensammler, Dr. Ward, den sogenannten Wardschen Kasten. Was es mit diesem Kasten auf sich hatte, den wir in der gleichen Konstruktion auch heute noch nutzen, wird uns an anderer Stelle beschäftigen. Dann kam das Flugzeug. Transporte, auch der empfindlichsten Pflanzen, konnten ohne Risiko durchgeführt werden. Die Preise sanken, auch der weniger betuchte Pflanzenliebhaber konnte Orchideen erwerben. Man erforschte die Vermehrung aus Samen und verbesserte die Kulturbedingungen durch exaktere Kenntnisse der Standorte. Aus den exotischen Edelsteinen wurden Zimmerpflanzen.

Wobei hier der Ausdruck Zimmerpflanzen sehr „allgemein" gefaßt werden soll. Pflanzen die nur im Kleingewächshaus oder im Wintergarten gedeihen, sind durchaus eingeschlossen.

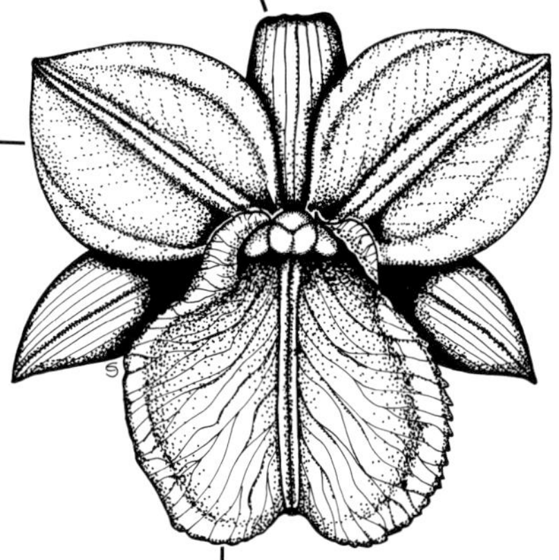

Broughtonia,
Aufbau der Blüte wie
Laelia, Cattleya usw.

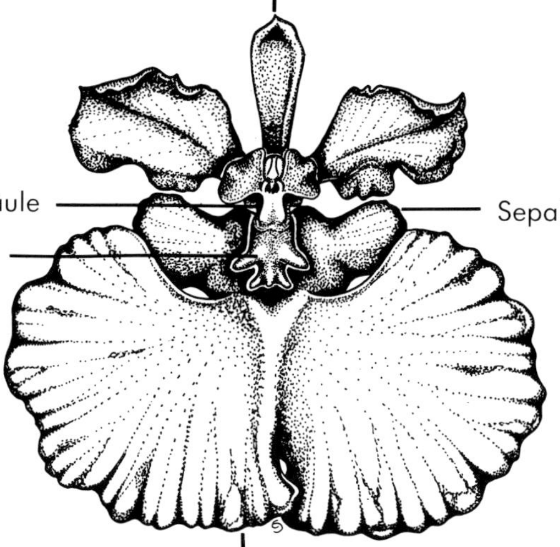

Typische *Oncidium*
Blüte.

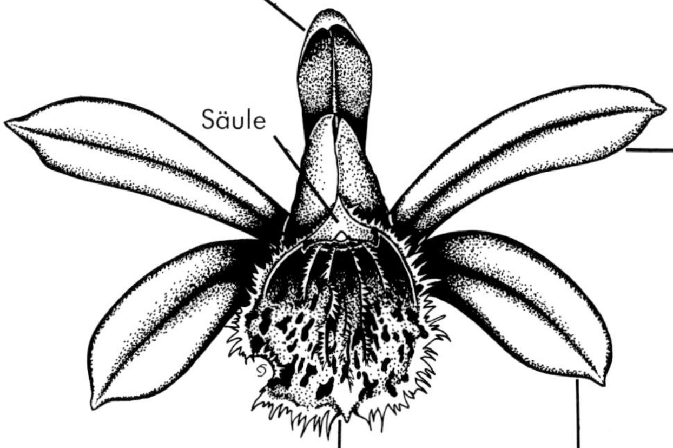

Pleione, enge Verbindung
zu Coelogyne

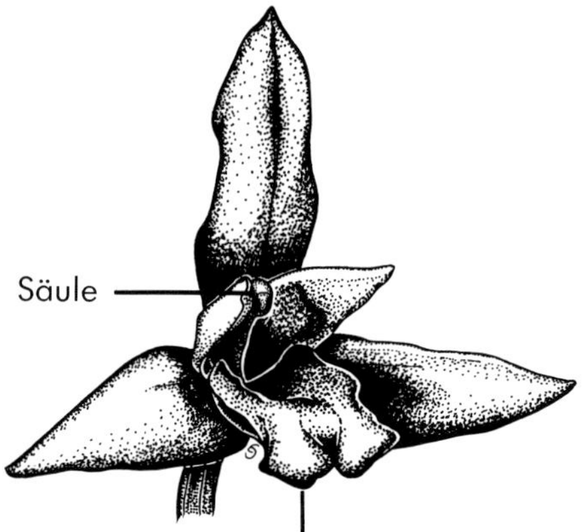

Maxillaria, Lycaste
und ähnliche Arten weisen
diese Blütenform auf

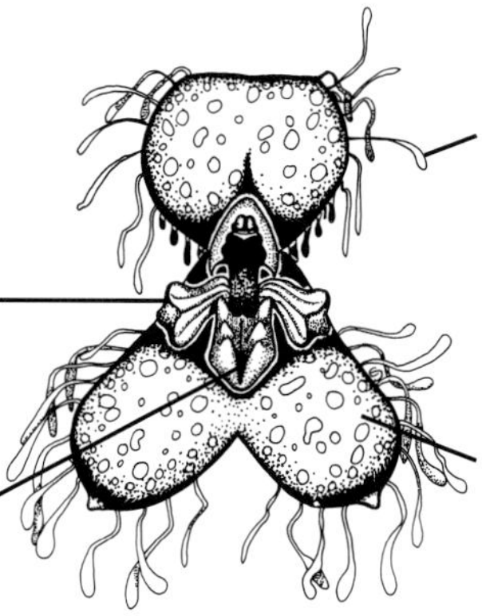

Scheinbar untypisch
diese *Pleurothallis schidei,*
trotzdem im Grundaufbau
identisch mit allen
anderen Orchideen:
Tentakel, Lippe, Petalen
und Sepalen.

Die Orchideenpflanze

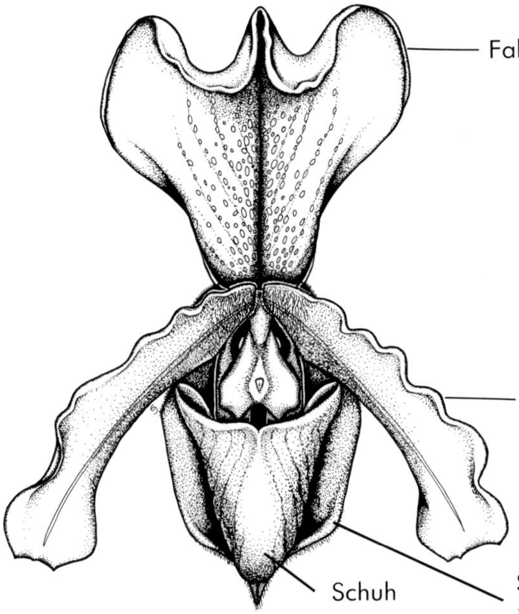

Paphiopedilum der Frauenschuh hat eine Fallenblüte.

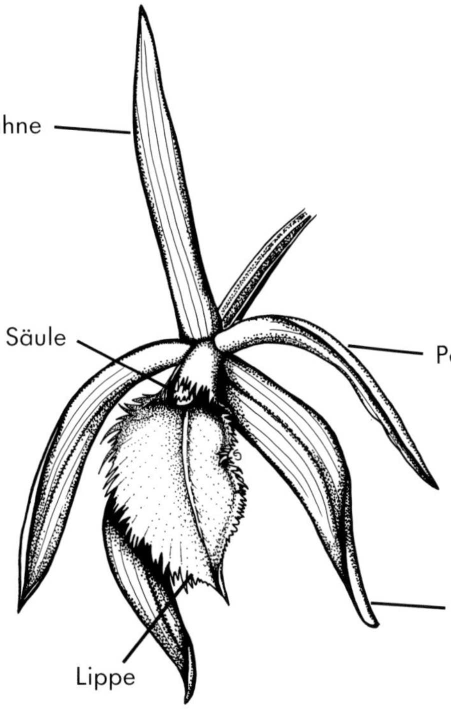

Brassavola, hier deutlich die Nähe zu *Epidendrum.*

Das Gemeinsame aller Orchideen ist zunächst ihre „Verschiedenheit", denn im Habitus weisen sie keinen gemeinsamen „Bauplan" auf. Die Vielfalt ist auf unterschiedliche Entwicklungsstufen zurückzuführen. Orchideen sind pflanzengeschichtlich relativ jung und haben sich auf den Kontinenten unterschiedlich weiterentwickelt.

Wo die gemeinsame Ursprungspflanze zu suchen ist, darüber sind sich die Botaniker noch lange nicht einig. Man kann bei den Orchideen in allen Verbreitungsgebieten recht primitive Formen neben hochentwickelten finden. Uns mag es genugen, ihre äußerliche Form zu betrachten.

Manche Orchideen haben weiche Blätter, andere fast sukkulentes Laub. Auf die unterschiedliche Größe, nicht nur der Pflanzen, sondern auch der Blüten, wurde schon hingewiesen. Viele Orchideen wachsen wie unsere Stauden im Garten, sind also nur in der Vegetationsperiode beblättert, andere wiederum verlieren zwar die Blätter, bleiben jedoch mit den Bulben oberirdisch immergrün. Orchideen der (klimatisch) tropischen Standorte bleiben immergrün, auch wenn wir bei ihnen eine Vegetationsperiode und eine Ruhepause unterscheiden können.

In dieser Vielfalt gibt es dennoch gemeinsame Merkmale. Die Orchideen gehören zu den Einkeimblättrigen Pflanzen. Hierzu zählt man Lilien, Bromelien und auch die Banane.

In einer Untergruppe, der der Liliengewächse, finden wir die Orchideen neben Amaryllis, Iris und Lilie. Bei dieser Gruppe ist die äußere (Kelchblätter, bei den Orchideen als Sepalen) und innere Blütenhülle (Kronblätter, bei den Orchideen auch Petalen) ähnlich ausgebildet.

Orchideen unterscheiden sich von den meisten anderen Pflanzen dieser Gruppe dadurch, daß das dorsale (obere) Kelchblatt in Form und Farbe als sogenannte Fahne anders ausgebildet ist als die lateralen (seitlichen) Kelchblätter. Von den Kronblättern (Petalen) ist das mittlere das auffälligste. Es wird als Lippe (Labellum) bezeichnet. Der Fruchtknoten ist immer unterständig. Durch die Mitte einer Orchideenblüte kann man eine (gedachte) gerade Linie ziehen und erhält immer zwei spiegelgleiche Hälften (= bilateral symmetrisch).

Orchideen besitzen in der Regel nur ein fruchtbares Staubblatt. Dieses ist mit dem Stempel zu einem Organ, der sogenannten Säule, verwachsen. Der Samen der Orchideen ist staubfein und nicht in der Lage, ohne Hilfe von außen zur Entwicklung zu gelangen.

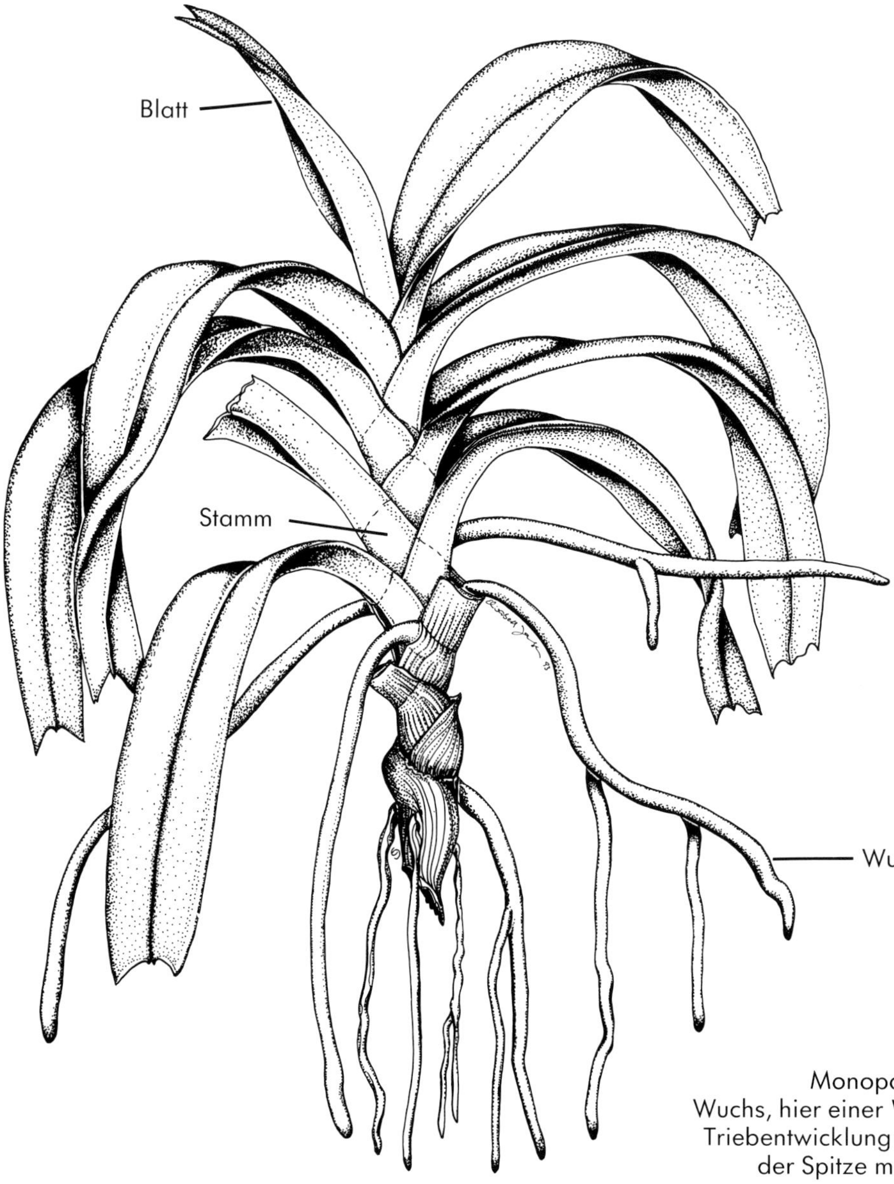

Monopodialer Wuchs, hier einer *Vanda*, Triebentwicklung nur an der Spitze möglich.

Rein äußerlich teilen sich die Orchideen in zwei Gruppen, in die monopodial und die sympodial wachsenden. Dieser Unterschied ist auch in der Praxis von Bedeutung. So kann die Wuchsart z. B. für das zu wählende Pflanzgefäß wichtig sein.

Monopodial wachsen alle Orchideen, die ihren neuen Trieb immer an der Spitze der Pflanze weiter entwickeln, sich also nach oben fortsetzen. Im Gegensatz dazu, breiten sich die sympodial wachsenden Orchideen flächig aus. Ein Jahrestrieb schiebt sich vor den anderen. Das Wachstum wird nicht nach oben fortgesetzt. Übrigens erscheint die Blüte der Orchideen bei beiden Wuchsformen sowohl endständig als auch seitenständig. Und noch etwas haben alle Orchideen gemeinsam: Ist das Wachstum in einem Sproß einmal abgeschlossen, ist kein Dickenwachstum mehr möglich.

Der Sproß selbst kann dünn, dick oder sukkulent sein. Verläuft er horizontal, spricht man von einem Rhizom. Bei vielen Orchideen ist das Rhizom unter der Bodenoberfläche, (z. B. bei unseren heimischen Arten). Verdickt sich der Sproß unterirdisch, spricht man von einer Knolle oder einem Kormus. Solch eine Verdikkung dient der Speicherung von Nährstoffen. Erfolgt die Sproßverdickung an der Oberfläche, und das ist bei den tropischen Orchideen sehr häufig, bezeichnen wir die Speicherorgane als Pseudobulben.

Bulben sind eigentlich Zwiebeln (wie bei der Tulpe), deshalb heißen sie bei den Orchideen auch „Scheinzwiebeln". Ganz allgemein deutet die Bulbe darauf hin, daß die Pflanze eine mehr oder weniger ausgeprägte Ruheperiode durchläuft. Damit geben uns die Pflanzen schon einen entscheidenden Kulturhinweis. Weitere biologische Besonderheiten der Orchideen können in diesem Buch,

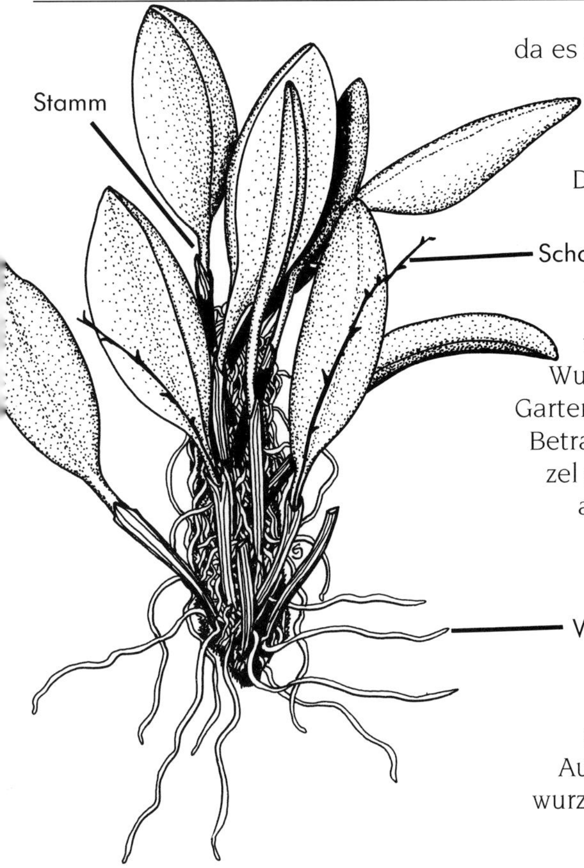

Pflanzenaufbau, wie er häufig bei Miniaturorchideen zu finden ist. *Pleurothallis, Stelis, Lepanthes* und *Masdevallia*.

da es in erster Linie für Praktiker geschrieben ist, unberücksichtigt bleiben, bis auf eine Ausnahme, die Wurzel.

Die Wurzeln sind der Teil der Orchidee, dem wir besondere Aufmerksamkeit widmen müssen. Sie unterscheiden sich nämlich von den uns sonst bekannten Wurzeln, z. B. denen unserer Gartenpflanzen, erheblich.

Betrachten wir eine Orchideenwurzel zunächst äußerlich, so fällt, auch bei kleinen Pflanzen, der verhältnismäßig starke Umfang auf. Natürlich haben auch andere Pflanzen „dicke" Wurzeln, aber alle enden in feinen, verzweigten Formen, ganz zu schweigen von den mit bloßem Auge nicht sichtbaren Haarwurzeln.

Bei den Orchideen ist das anders. Sie verzweigen sich selten und die Wurzel ist an der Basis und am Ende fast immer gleich stark. Trotzdem hat natürlich auch sie die Aufgabe Wasser und darin gelöste Nährstoffe aufzunehmen.

Der innere Aufbau ist wie bei allen Wurzeln: In der Mitte sitzt ein Gefäßbündelzylinder, der nach außen von der Endodermis (mit Durchlaßzellen) abgeschlossen wird. Daran schließt sich die Rindenschicht an, die wiederum durch die Exodermis begrenzt wird. Auch sie verfügt über Durchlaßzellen. Die Oberfläche besteht aus einer schwammigen, weißlichen Hülle, dem sogenannten Velamen. Die Wurzel kann rund sein, ist jedoch häufig breit abgeflacht. Die äußere Gestalt richtet sich nach der Funktion. Auffällig ist auch die Wurzelspitze: Sie unterscheidet sich deutlich vom Rest der Wurzel. Sie hat eine glatte Oberfläche und ist von eher frischgrüner Farbe.

Alle Wurzeln entspringen direkt dem Sproß, eine Pfahl- oder Primärwurzel ist nicht vorhanden.

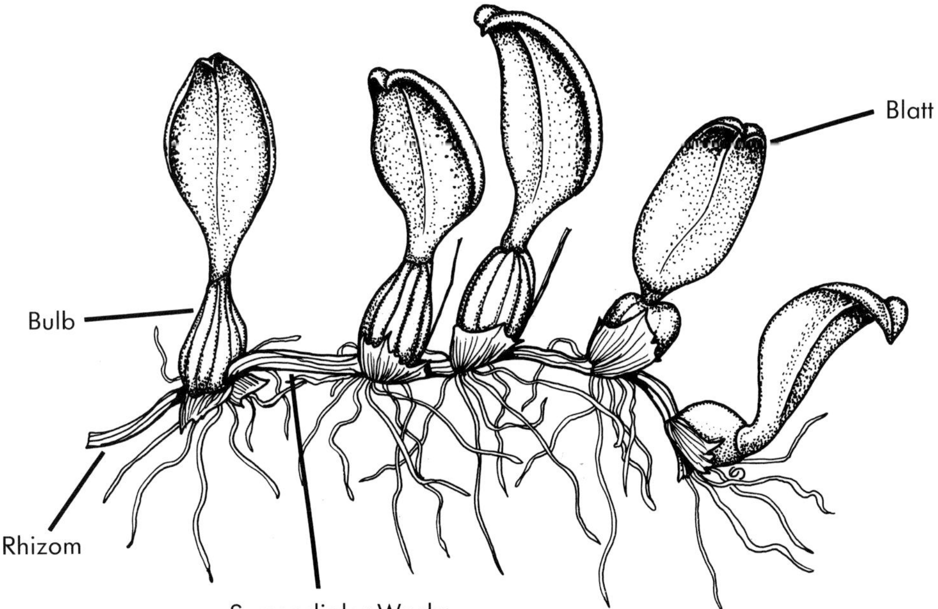

Sympodialer Wuchs am Beispiel *Bulbophyllum*.

Die eigentliche Wasser- und Nährstoffaufnahme erfolgt in einer relativ kurzen Zone direkt hinter der Wurzelspitze. Hier sind die Orchideen gegenüber anderen Pflanzen im Nachteil, die durch ihre Verzweigungen über viele dieser Aufnahmezonen verfügen. Die Orchideen kompensieren diesen Nachteil durch die enge Gemeinschaft mit Pilzen (Symbiose) und mit Hilfe des Velamens. Nur der Vollständigkeit halber soll erwähnt werden, daß nicht alle Orchideen über ein Velamen verfügen, nur alle epiphytischen Orchideen! Da wir jedoch bei den tropischen Orchideen fast nur mit Epiphyten zu tun haben, wollen wir uns auch nur mit solchen Wurzeln beschäftigen.

Dient die Wurzel einer Pflanze dazu, diese an ihren Standort zu heften, so schmiegt sie sich der Unterlage an. Dazu entwickelt sie sich flach, parallel zur Unterlage. Muß eine Orchidee einmal verpflanzt werden, merken wir erst wie gut diese Verankerung hält. Ohne die Wurzel zu beschädigen, können wir die Pflanze fast nie von der Unterlage lösen. Einige Wurzeln streben frei in die Luft, sie haben den landläufigen Namen der Orchideenwurzeln als Luftwurzeln geprägt. Solche Wurzeln verkümmern in der Regel, wenn man sie beim Verpflanzen in das Substrat leitet. Rein äußerlich sind sie durch ihre runde Form gut erkennbar. Manchmal können sie als sogenannte Nestwurzeln senkrecht aus dem Substrat wachsen. Man bezeichnet das als negativ geotropische Wurzelverzweigung. Anscheinend dient die Wurzel als „Auffangkorb" für organische Substratteile.

Wurzeln, die direkt in das Substrat wachsen, und trotzdem über Velamen verfügen, wie die der tropischen terrestrischen Orchideen, sind ebenfalls rundlich. Hier kommt es, wie bei *Paphiopedilum* bekannt, sogar zur kurzfristigen Bildung von Wurzelhaaren. Wahrscheinlich ermöglichen sie das Eindringen der symbiotischen Pilze. Später stirbt das Velamen ab.

Jetzt aber zu der wichtigsten Besonderheit unserer Orchideenwurzel: Sie ist meist relativ kurzlebig und stellt ihr Wachstum am Ende der Vegetationsperiode ein! Das bedeutet in der Kultur, daß alle Verpflanzarbeiten oder das Aufbinden in der Blockkultur immer am Anfang der Vegetationsperiode durchgeführt werden müssen. Zwar verzweigen sich manchmal auch ältere Wurzeln in der nächsten Periode oder nehmen dann ihr Wachstum noch einmal auf, aber dies geschieht eher selten. Das Velamen ist dafür verantwortlich, die manchmal nur kurzfristig angebotene Feuchtigkeit wie ein Schwamm aufzunehmen. Es entsteht dadurch, daß Gewebe abstirbt und sich mit Luft füllt. Unserem Auge erscheint die luftgefüllte Zelle weiß. Wird die Luft durch Wasser verdrängt, sehen wir den grünen Kern des lebendigen Wurzelgewebes. In der Rinde einer ausgewachsenen Orchideenwurzel befinden sich grüne Chloroplasten. Im Velamen bleiben nur die Durchlaßzellen am Leben und ermöglichen so die Aufnahme der Feuchtigkeit in das Pflanzengewebe.

Bei wenigen Orchideen – dazu zählen allerdings auch einige interessante Zwerge – übernimmt die Wurzel, mit Hilfe der Chloroplasten, sogar die gesamte Photosynthese. Dies ist beispielsweise bei der Gattung *Chiloschista* der Fall, die keine oder nur rudimentäre Blätter ausbildet.

Die Wurzel zu pflegen und zu erhalten ist unsere wichtigste Aufgabe. Nach ihr richten sich die Ansprüche an das Substrat, an die Luftfeuchtigkeit und nicht zuletzt an die Nährstoffversorgung. Und noch etwas sollte man nie vergessen, in der Natur nimmt die Wurzel fast zwei Drittel des Volumens der Pflanze ein. Nur so ist eine optimale Versorgung garantiert. Möglichst viele Wurzeln an einer Pflanze muß also das Ziel aller Kulturmaßnahmen sein.

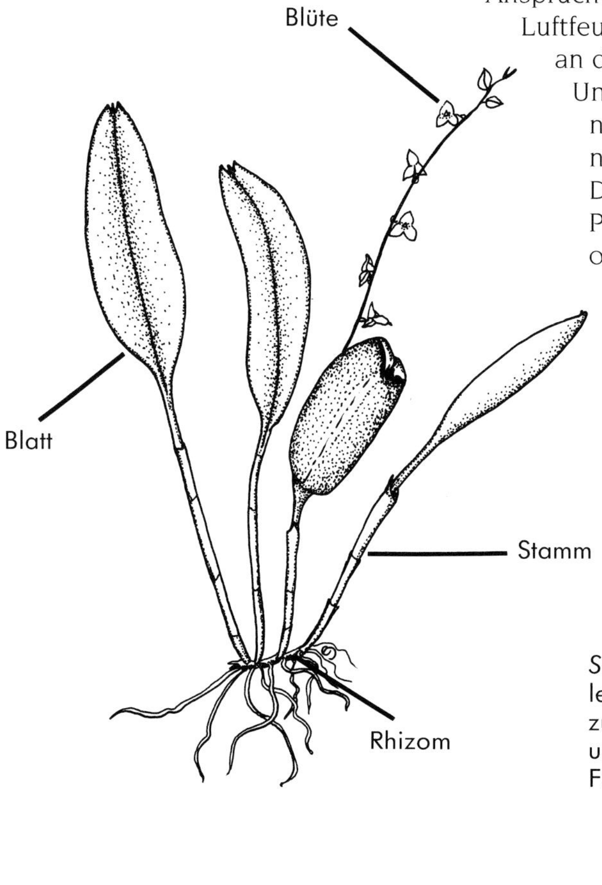

Stelis, ohne Blüte wäre sie leicht mit anderen Gattungen zu verwechseln (*Pleurothallis* usw.). Anpassung der äußeren Form an die Umgebung.

Was man sonst noch über Orchideen wissen sollte

Mehrfach war schon von der Bulbe die Rede. Eigentlich muß man von einer Pseudobulbe, einer Scheinzwiebel sprechen. So bezeichnet man in der Botanik nämlich die oberirdische Sproßverdickung der Orchideen. Wie bei der echten Zwiebel werden hier Nährstoffe gespeichert.

Einige Orchideen bilden unterirdische Wurzelverdickungen, z. B. die heimischen Knabenkräuter. Dies bezeichnet der Botaniker als Kormus. Bulben und Kormus geben uns in der Kultur den Hinweis, daß diese Pflanze eine mehr oder weniger lange Ruheperiode benötigt. Bulben sind in ihrer äußeren Form recht unterschiedlich, länglich, manchmal rund oder flach, ihre Form wird auch vom Standort geprägt.

Als Rhizom bezeichnet man den oberirdischen Teil zwischen den Trieben (Bulben). Bei der vegetativen Vermehrung einer sympodial wachsenden Pflanze, teilen wir diese gegebenenfalls am Rhizom.

Die Blätter der Orchideen dienen, wie bei allen grünen Pflanzen, der Photosynthese. Sie sind, wie schon erwähnt, sehr unterschiedlich in Größe, Form und Farbe. Das Blatt gibt uns Hinweise – Ausnahmen bestätigen die Regel – auf das Lichtbedürfnis der Orchidee. Je sukkulenter das Blatt aufgebaut ist, desto höher ist der Lichtbedarf.

Auf die Vielfalt der Blüte wurde schon hingewiesen, hier interessiert uns die Haltbarkeit. Die Blüte dient der Bestäubung, der Fortpflanzung. Alle Orchideen werden von Insekten und in wenigen Ausnahmen von Vögeln bestäubt. Da unsere Miniaturorchideen meistens nur recht kleine Blüten entwickeln, ist deren „Werbeeffekt" entsprechend gering, aber dafür ihre Haltbarkeit überdurchschnittlich lang. Überdurchschnittlich heißt bei den Orchideen, im Gegensatz zur landläufigen Meinung, etwa zwei Wochen. Wie Orchideenblüten auf sich aufmerksam machen, durch Duft, Form oder Farbe, wird bei den einzelnen Arten noch beschrieben (s. S. 47 ff.).

Geöffnete Samenkapsel eines *Dendrobiums*. Sie enthält viele Tausend Samen.

Als Hybriden bezeichnet man bei den Orchideen gewöhnlich „künstliche" Kreuzungen, also Züchtungen von Menschen. Naturkreuzungen werden als Bastarde bezeichnet. Züchtungen werden besonders bei den zur Schnittblumengewinnung geeigneten Gruppen durchgeführt, allerdings bisher weniger bei den Miniaturorchideen. Hier dürfen wir in den kommenden Jahren noch viele Überraschungen erleben, denn die „Minis" werden erst jetzt Mode und bei den Orchideen dauert alles ein wenig länger!

Benötigt man doch z. B. beim *Paphiopedilum* (Frauenschuh) ca. 5 bis 7 Jahre von der Aussaat bis zur ersten Blüte. Von manchen Gattungen ist noch gar nicht bekannt wie lange sie von der Keimung bis zur Blüte brauchen. Von den gärtnerisch intensiv genutzten Gattungen kennt man die Dauer der Entwicklung, z. B. bei *Phalaenopsis*. Durch optimale Aussaatbedingungen hat man die Zeit schon auf drei, statt früher fünf Jahre, herabsetzen können.

Trotzdem ist die Aussaat der Orchideen auch heute immer noch eine komplizierte Angelegenheit, die ein Labor erfordert. Der Orchideensamen ist nämlich staubfein und benötigt in der Natur zur Keimung Hilfe (Symbiose) von bestimmten Wurzelpilzen. Sie leben auch z. T. in der Wurzel der Orchideen (s. S. 14 und 17). Eine solche Gemeinschaft zwischen Pilzen und höheren Pflanzen nennt der Botaniker Mykorrhiza.

Das Samenkorn einer Orchidee besteht im wesentlichen nur aus dem Embryo ohne Nährgewebe. Nach den ersten Zellteilungen und dem Quellen des Samens kann der Pilz eindringen. Er liefert die benötigten Nährstoffe zum ersten Wachstum. Erst, wenn grüne, zur Photosynthese befähigte Zellen heranwachsen, beginnt das normale Wachstum, d. h. die Unabhängigkeit vom Pilz. Bei einer Symbiose haben

Laelia pumila, häufig die erste Liebe zu Miniaturorchideen.

jedoch immer beide Partner Vorteile. Der Pilz genießt als Nährstofflieferant sozusagen lebenslanges Wohnrecht. Seine Ausbreitung bleibt jedoch auf bestimmte Zonen in der Wurzel beschränkt. Entwickelt er sich darüber hinaus, wird er von der Orchidee „verdaut". Seine Bindung an die Orchidee sichert kommenden Generationen von Samen die Keimung. Daher kann man in der Natur häufig beobachten, daß in unmittelbarer Nähe einer Orchideenpflanze besonders viele Sämlinge anzutreffen sind. Es sind auch Orchideen bekannt, die zum Wachstum ihr Leben lang auf die Gemeinschaft mit dem Pilz angewiesen sind, sogenannte Saprophyten. Diese haben bei den Miniaturorchideen aber keine Bedeutung.

Nachdem man in den ersten Jahren dieses Jahrhunderts die Problematik der Keimung erkannt hatte, isolierte man zunächst den Pilz und stellte ihn gezielt zur Keimung zur Verfügung (Symbiotische Aussaat). Bald jedoch entwickelte man Möglichkeiten, den Pilz auch bei der Keimung auszuschließen (Asymbiotische Aussaat). Letzteres Verfahren wird bis heute, natürlich technisch verfeinert, angewendet.

Dem quellenden Embryo werden die Nährstoffe „künstlich" zugeführt, die auch in der Natur vom Pilz geliefert werden. Dies erfordert einen sterilen Arbeitsplatz, wie er in einem Laboratorium anzutreffen ist.

Allerdings werden heute im Handel schon vollständige, einfache Ausrüstungen, inklusive der notwendigen Nährböden, angeboten. So kann man Aussaaten schon in der heimischen Küche bewerkstelligen. Grundsubstanz der Nährböden ist Agar-Agar, eine chinesische Meeresalge, die zu einer gelierten Masse gekocht wird. Die ersten Lebensmonate verbringen die kleinen Orchideenpflanzen in Glaskolben.

Ein weiterer Begriff der dem zukünftigen Orchideengärtner immer wieder begegnen wird, ist „Meristem". Manchmal spricht man auch von einer „gewebevermehrten" Orchidee. Darunter hat man sich Pflanzen vorzustellen, die ursprünglich alle aus einem Zellverband stammen.

Bevor wir uns mit dieser Technik der vegetativen Vermehrung beschäftigen, sei auf eine weitere Besonderheit der Orchideen hingewiesen. Pflanzen einer Art sind im Laufe der Evolution über viele Generationen geformt. Sie sind sich, von geringen Abweichungen einmal abgesehen, ähnlich. Anders bei den Orchideen: Hier können diese Abweichungen auch von einer Art zur nächsten erheblich sein. Das betrifft sowohl Auffälligkeiten in der Blüte als auch im Habitus. Man spricht in diesem Fall von verschiedenen Varietäten.

Hierzu ein Beispiel. – Schon eingangs erwähnten wir *Laelia pumila* als besonders schöne Miniaturorchidee. *Laelia* ist der Gattungsname (lat. genus), er wird groß geschrieben. Der Artname (lat. species), der manchmal eine Eigenschaft oder die Farbe beschreibt, in unserem Fall *pumila* von *pumilus* (lat. zwergig), gehört immer zum Namen. Dieses System geht auf den, schon genannten Carl von Linné zurück, man nennt es die binäre Nomenklatur. Dazu kommt der Name des Erstbeschreibers, meistens als Abkürzung. Bei *Laelia pumila* ist es Hook (Abkürzung für William Jackson Hooker – 1785 bis 1865 –, seiner Zeit Direktor des botanischen Gartens Kew in London). In der gärtnerischen Praxis,

z. B. in Katalogen, wird jedoch meist auf den Autorennamen verzichtet. Von *Laelia pumila Hook* sind verschiedene Varietäten im Handel, so die Varietät *Dayana,* manchmal auch in „Anführungszeichen" angegeben. Eine solche endemische Varietät kann nur vegetativ vermehrt werden. Außerdem entstehen durch Züchtungen (gärtnerische) Varietäten. Diese werden als Sorten (Cultivare) gekennzeichnet.

Zusätzlich sind bei den Orchideen Gattungsbastarde gezüchtet: Sie werden durch die Zusammenziehung der Gattungsnamen, zweier Gattungen oder sogar dreier, bezeichnet. *Laelia X Cattleya = Laeliocattleya,* oder *Laelia X Cattleya X Brassavola = Brassolaeliocattleya.* Richtig kompliziert wird es, wenn mehr als drei Gattungen verbunden werden. Um unaussprechliche Wortgebilde zu vermeiden, werden „künstliche" Namen mit der Endung „-ara" gebildet. So ist Potinara beispielsweise eine Züchtung aus *Cattleya X Laelia X Brassavola X Sophronites.* Alle hier genannten Gattungen werden uns auch bei den Miniaturformen noch begegnen. – Natürlich ist diese Einteilung noch nicht vollständig. Der Systematiker unterscheidet noch weiter, bzw. noch genauer, hier sollen aber die hier genannten Begriffe genügen.

Nach dieser kurzen Einführung in die Namensgebung von Züchtungen können wir noch einmal zum schon erwähnten Meristem zurückkommen. Da wir nun wissen, daß man Varietäten nur vegetativ vermehren kann, und das gilt auch für Cultivare, Sorten, wird schnell klar, daß man dazu viel Zeit benötigt. Um zu schnelleren Erfolgen zu gelangen, hat man sich eine Methode zunutze gemacht, die 1963 bei der Vermehrung der Kartoffel entdeckt wurde.

Hybride-Züchtung aus *Cattleya* und *Brassavola = Brassocattleya.* Die Gattung *Brassovola* ist noch deutlich erkennbar.

Jede Pflanze verfügt über meristematisches Gewebe. (Hier wollen wir die Methode natürlich nur sehr vereinfacht beschreiben.) Dabei handelt es sich um Gewebezellen, die noch keiner endgültigen Zweckbestimmung unterliegen, so z. B. in der Sproßspitze oder in der Wurzelspitze, also um Wachstumsgewebe. Alle Erbeigenschaften (-informationen) sind vollständig vorhanden. Diese Zellen werden aus dem Gewebe gelöst (natürlich geschieht dies wieder im Labor unter sterilen Bedingungen) und auf Nährböden gebracht. Dort können sie wachsen und sich zu neuen, vollständigen Pflanzen entwickeln, wenn man ihnen die richtige Temperatur und das benötigte Licht zur Verfügung stellt. Um nun aber möglichst viele „neue" Pflanzen zu erhalten, gebraucht man einen Trick.

Ein Naturgesetz, der Geotropismus, sorgt dafür, daß Pflanzen ihre Organe nach der Schwerkraft der Erde ausrichten. (Vereinfacht heißt das, Wurzeln nach unten, Blätter nach oben!) Wenn nun durch Drehung der meristematischen Zellen, oder durch ständiges Schütteln, der Geotropismus nicht wirksam werden kann, vermehren sich nur meristematische Zellen, d. h., nur undifferenzierte Zellen. Diese kann man mehrmals teilen, und zwar so lange, bis man die gewünschte Anzahl erreicht hat. Die zur Ruhe gelangten Zellen entwickeln sich zu ganz normalen, (klon)gleichen Organismen. Sie sind Kopien der Ursprungszelle. So lassen sich besonders wertvolle Orchideen in großen Stückzahlen produzieren. Diese Methode ist natürlich nicht nur auf Orchideen beschränkt, sondern hat im Gartenbau längst generell Eingang gefunden.

Für den Käufer einer solchen Pflanze ist die Sicherheit gegeben, das Original einer bestimmten, vielleicht besonders schönen oder seltenen Pflanze zu erwerben. Meristematisch vermehrte Pflanzen sind heute auch gar nicht mehr viel teurer als durch Sämlinge vermehrte Exemplare. Diese Art der Vermehrung ist im Prinzip eine verfeinerte Methode „Stecklinge" zu erhalten. Durch die vegetative Vermehrung erhält man statt Kopien Originale.

Was Orchideen zum Wachstum brauchen

Damit Orchideen mit Erfolg kultiviert werden können, müssen wir etwas über ihre Wachstumsbedingungen wissen. Diese sind abhängig vom Heimatstandort der Orchideen und ihrer besonderen Lebensweise, aber, wie bei allen Pflanzen, auch von den allgemeinen Wachstumsbedingungen der grünen Pflanzen.

Bei jeder Maßnahme, die wir ergreifen, um unsere Pflanzen optimal zu versorgen, sollten wir immer an das in der Mitte des 19. Jahrhunderts von Justus v. Liebig erkannte „Minimumgesetz" denken. Es besagt in etwa, daß der Erfolg des pflanzlichen Wachstums (Zuwachs) von dem Wachstumsfaktor abhängig ist, der in geringster Menge verfügbar ist. Ein Beispiel: Im Winter leiden unsere Zimmerpflanzen an Lichtmangel. Licht als Wachstumsfaktor ist im „Minimum" verfügbar. Das Licht, besser der Lichtmangel, bestimmt nun die Wachstumsgeschwindigkeit, und zwar unabhängig von der Verfügbarkeit aller anderen Wachstumsfaktoren. Wir müssen zusätzlich verhindern, daß nicht nutzbare, also im Überfluß angebotene Wachstumsfaktoren zu Schädigungen an den Pflanzen führen. Zum Beispiel entsteht Staunässe, wenn das Gießwasser nicht von der Pflanze aufgenommen werden kann. Diese verhindert die Wurzelatmung. Bei den Luftwurzeln der Orchideen ist die Atmung aber von eminenter Bedeutung. Die Wurzel „erstickt" und fault schließlich. Genau so verhält es sich, wenn Nährstoffe nicht genutzt werden können. Die Ansammlung führt zu hohen Salzkonzentrationen, die wiederum die Wurzeln zerstören. Zu hohe Temperatur führt zu starker Verdunstungstätigkeit der Orchidee und regt die frühe, zu frühe, Triebbildung an. Mit der Verdunstung werden angelagerte Nährstoffe abgebaut, diese können nicht ersetzt werden (wegen Lichtmangel reduzierte Photosynthese), unsere Orchidee wird schlaff und kann sogar total eingehen. In der Praxis müssen wir den Minimumfaktor erkennen und alle anderen Wachstumsfaktoren

Epiphytischer Wuchs, Trieb- und Wurzelbildung sind der Unterlage zugerichtet.

darauf abstellen. Das setzt natürlich voraus, daß wir mit den wichtigsten Wachstumsfaktoren und ihrer wechselseitigen Abhängigkeit vertraut sind. Im folgenden sollen deshalb Licht, Luft, Temperatur, Wasser und Nährstoffe in ihrer Bedeutung für die Orchideenkultur einzeln dargestellt werden.

Lichtverhältnisse

Als unentbehrlicher Energielieferant für die Photosynthese ist dem Licht die größte Aufmerksamkeit zu widmen. Für Pflanzen tropischer Herkunft ist dieses bei uns für lange Zeit des Jahres der Minimumfaktor.

Lichtintensität und Zeit (Tageslänge) bestimmen die Lichtmenge. Jeder weiß, daß die Lichtintensität im Sommer bei uns wesentlich höher liegt als im Winter. Außerdem ist, bedingt durch kürzere Tage, die Lichtmenge im Winter geringer. Die heimischen Pflanzen haben sich diesen Verhältnissen angepaßt, den „Zugereisten" müssen wir helfen.

Licht, als sichtbarer Teil der elektromagnetischen Wellen, entsteht an der Oberfläche der Sonne. Jenseits (lat. ultra) der als Licht bezeichneten Wellenlängen liegen der ultraviolette Strahlungsbereich und der infrarote Wärmestrahlungsbereich. Auch diese Wellenlängen haben eine Bedeutung für pflanzliches Leben (Längenwachstum). Der Bereich des sichtbaren Lichtes teilt sich in die Spektralfarben auf, die in ihrer Summe das weiße Licht ergeben. Auf Pflanzen wirken nicht alle Spektralfarben des sichtbaren Lichtes gleichmäßig. (Dies hat eine besondere Bedeutung bei künstlichen Lichtquellen.) Für die grüne Pflanze ist der rote und blauviolette Spektralbereich am wichtigsten (für die Photosynthese). Von geringerer Bedeutung sind der grüne und gelbe Anteil.

Mit zunehmender Lichtintensität steigt die Photosyntheserate bis zu einem Sättigungsgrad, bzw. bis kein CO_2 mehr verfügbar ist (Minimumfaktor). Auf der anderen Seite liegt der sogenannte Kompensationspunkt. Er gibt die Intensität an, bei der CO_2-Verbrauch und -Erzeugung (durch Atmung) ausgeglichen sind.

Wir wissen, daß manche Pflanzen mehr, andere weniger Licht benötigen. Dies ist auch bei Orchideen nicht anders. Richtiger ist es zu sagen, daß sich die Pflanzen (Orchideen) dem an ihrem Standort zur Verfügung stehenden Licht angepaßt haben, d. h., der geographischen Breite und Länge und der Vegetationsdichte des lokalen Standortes.

Durch den Habitus der Pflanze können wir einiges über ihr Lichtbedürfnis erfahren. Dicke, fast sukkulente oder rötlich gefärbte Blätter weisen auf einen lichtreichen Standort hin. Große, weiche Blätter hingegen auf einen schattigen Platz (Ausnahmen natürlich möglich!). Darüber hinaus versucht die Pflanze sich dem lokalen Standort so anzupassen, daß eine optimale Lichtausbeute erreicht wird. Ein Beispiel dafür ist die epiphytische Lebensweise der meisten Orchideen. Am Boden hätten sie keine Chance Licht zu erhalten, deshalb sind sie dem Licht entgegengewachsen. Zusätzlich können Pflanzen ihren Habitus geringfügig verändern. So haben sukkulente Blätter an einem dunkleren Standort größere Blattflächen und sind insgesamt weicher. Trotzdem gibt es für alle Orchideen einen Kompensationspunkt der weder über- noch unterschritten werden darf.

In der Kultur bestimmen wir das Lichtangebot durch die Wahl des Standortes, der Himmelsrichtung, Größe der Lichtquelle (Fenster), des Bewuchses in der Umgebung des Wintergartens oder des Gewächshauses. Außerdem haben wir an allen Kulturstandorten die Möglichkeit „künstliches" Zusatzlicht zu geben. Um es vorwegzunehmen, wenn an einem Standort bereits andere tropische Zimmerpflanzen (Usambaraveilchen, Gummibaum u. a.) mit Erfolg gepflegt wurden, werden Orchideen nicht eingehen. Da wir aber optimale Kulturerfolge wünschen, wollen wir auch optimale Voraussetzungen schaffen.

Wie jede Art von Strahlung lassen sich auch die Lichtstrahlen messen. Hierbei mißt man den Lichtstrom, der in einiger Entfernung von der Lichtquelle auf eine Fläche bestimmter Größe einwirkt. Dazu nachfolgend einige lichttechnische Begriffe, die in der Beurteilung der Lichtquelle, aber auch für die vom natürlichen Standort her bekannten Lichtwerte, eine Rolle spielen.

Oncidium pumilum, sukkulente Blätter weisen auf einen hellen Standort.

Stelis, hier ebenfalls mit sukkulentem Blatt. Je nach Herkunft können die Arten einer Gattung unterschiedliche Blattformen aufweisen.

Lichtstrom: Lichtstrom einer Lampe, Einheit Lumen (lm).
Lichtausbeute: das Verhältnis von aufgewendeter elektrischer Energie (in Watt) zum Lichtstrom (in Lumen).
Beleuchtungsstärke: Lichtempfindung auf einer Fläche, Einheit Lux (lx), (lat. lux = Licht), sie ergibt sich aus dem Lichtstrom (lm), der auf eine Flächeneinheit (m^2) fällt. Ein Lumen pro Quadratmeter entspricht einem Lux, kurz: 1 lm/m^2 = 1 lx.
(In den USA wird statt Lux auch die Einheit foot candle (fc) verwendet, (1 fc = 10,76 lx).
Lampe: das lichterzeugende Gerät, z. B. Glühlampe, Leuchtstoffröhre.
Leuchte: Lampenträger mit allen technischen Einrichtungen wie Vorschaltgerät und Reflektor.

Angaben über den Lichtanspruch der Pflanzen sowie über erreichte oder erwünschte Werte der Beleuchtungsstärke werden also in Lux angegeben. Um aber Leistung und Wirtschaftlichkeit einer Zusatzbeleuchtung beurteilen zu können, müssen wir schon ein wenig rechnen. Hinzu kommt, daß die Pflanzen keinesfalls alle Spektralfarben zur Photosynthese nutzen. Bei speziellen Pflanzenleuchten (Rot-Blaubereich) muß man daher die errechnete Beleuchtungsstärke (lx) mit einem Faktor X, der je nach Hersteller differiert, multiplizieren, um den effektiven Wert für die Photosynthese zu errechnen (nach Schoser, 1966), so z. B. bei Osram, Fluora, einer gebräuchlichen Leuchtstofflampe im Aquarium und Terrariumbereich, mit 6.

Verläßliche Werte der für Orchideen richtigen Beleuchtungsstärke sind bislang eher spärlich. Neben der Luxangabe müßte eigentlich auch immer die dazu gehörende Temperatur stehen, die erst die optimale Photosyntheseleistung ermöglicht. Andererseits liegt der Kompensationspunkt für die meisten Orchideen, wie auch für andere Zimmerpflanzen, bei 500 bis 1000 lx. Für lichthungrige Pflanzen werden 30 000 bis 50 000 lx (hell), für schattenliebende noch 5 000 bis 15 000 lx (halbschattig bis schattig) angegeben (nach Fast, 1980). Um solche Angaben relativieren zu können, muß man wissen, daß in unseren Breiten ein klarer Sommertag immerhin 100 000 lx aufzuweisen hat. Dagegen im Winter, bei bedecktem Himmel, nur 5 000 lx gemessen werden und bei Vollmond 1 Lux (nach Göbel, 1984). Doch damit nicht genug, um wirklich beurteilen zu können, wie wenig Licht wir unseren Pflanzen bieten können, ohne sie am Wachstum zu hindern, weitere Beispiele aus der Praxis: Eine Messung im August ergab bei diffusem Mittagslicht (Wolkenbildung) im Freien 30 000 lx, im Baumschatten 3 000 lx, im Gewächshaus (unschattiert) 23 000 lx, an einem Südfenster 20 000 lx, am Westfenster 4 000 lx, am Ostfenster 3 000 lx und am Nordfenster nur noch 1000 lx (Pinske, 1984).

Am Fenster nimmt die Beleuchtungsstärke mit zunehmendem Abstand zur Lichtquelle erheblich ab. Wenn man dann den im Winter ungünstigen Lichteinfall und die geringe Beleuchtungsstärke bedenkt, wird schnell klar, warum viele Pflanzen in dieser Jahreszeit unter dem Kompensationspunkt vegetieren. Nun muß man deshalb nicht gleich denken, Orchideenpflege sei am Fenster überhaupt nicht möglich. Dies trifft zum Glück nicht zu, denn viele Orchideen machen zu dieser Jahreszeit eine Ruhepause durch – Minimumgesetz! Wir müssen aber alle anderen Wachstumsfaktoren ebenfalls beschränken!

Haben wir es dagegen mit Orchideen zu tun, die gerade im Winter wachsen, oder aus Klimagebieten kommen, die keine Temperaturabsenkung (weniger Licht!) kennen, ist eine Zusatzbeleuchtung unerläßlich. Natürlich auch dann, wenn der Kulturraum ohnehin keine günstigen Lichtbedingungen bietet (Vitrine im Zimmer, Kellerkultur, Nordfenster, tiefes Blumenfenster mit entsprechender Bepflanzung). Die Luxzahl wird mit

einem Luxmeter gemessen, einem Gerät, das elektrische Energie in Lux angibt. Davon gibt es aufwendige Geräte mit entsprechend feinen Meßbereichen, die mehrere Hundert Mark kosten, aber auch handliche, und meist genügend genaue aus dem Hydrokulturbedarf für rund zwanzig Mark. Damit lassen sich zwar nur Werte bis 5 000 oder 10 000 Lux ermitteln, aber das reicht für die Zimmerkultur aus.

Einfaches und „verbessertes" Kunstlicht: Viele Orchideenliebhaber, vor allem in den USA kultivieren unter reinem Kunstlicht. Denkt man an die Anschaffung einer entsprechenden Lampe sollte man sich unbedingt vorher beraten lassen. Technische Neuerungen sind laufend auf dem Markt. Das Rechnen erspart jedoch keine Lampe!

Gehen wir einmal davon aus, daß der Wert 5 000 lx erreicht werden soll, um eine echte Photosyntheseleistung zu erreichen (assimilatorisches Licht). Zuerst denken wir daran, nur Lampen einzusetzen, die den spektralen Bereich abdecken, der auch wirklich benötigt wird, (Glühlampen scheiden also von vornherein aus!). Der Wirkungsgrad einer Lampe wird mit etwa 0,1 angegegeben, also nur 1/10 des Lichtstroms fällt auf eine bestimmte Fläche. Mit Reflektoren läßt sich der Wirkungsgrad auf 0,5 erhöhen, (in der Praxis rechnet man wegen Alterung und Verschmutzung 0,4). Daraus folgt für den Orchideengärtner klar: keine Lampe ohne Reflektor!

Dendrobium margaritaceum, siehe S. 62. Die Abbildung zeigt die ca. doppelte Größe des Originals.

Lampentypen: Mischlichtlampen sind eine Kombination aus Glühlampe und Gasentladungslampe. Sie haben einen ungünstigen Spektralbereich und sind deshalb nur als Zusatzbeleuchtung in an sich hellen Fenstern geeignet. Lichtausbeute 19 bis 28 lm/W (Glühlampe 15 bis 18 lm/W).

Leuchtstofflampen sind Gasentladungslampen mit niedrigem Gasdruck. Durch die Wahl der Leuchtstoffe wird die spektrale Zusammensetzung verändert. Gerade die schon mehrfach erwähnten „Pflanzenleuchten" machen diese Lampenart ideal zur Ausleuchtung von Fenstern und Vitrinen, aber auch als Leuchten im Gewächshaus und Wintergarten. Lichtausbeute 40 bis 85 lm/W.

Hochdruckentladungslampen werden als Quecksilber-, Metallhalogen- und Natriumhochdruckdampflampen angeboten. Ihre spektrale Zusammensetzung ist für Pflanzen bestens geeignet (wegen der Wärmeentwicklung müssen sie jedoch mindestens 1 m Abstand von Pflanzen haben). Geeignet vor allem für Gewächshäuser und Wintergärten. Lichtausbeute 80 bis 120 lm/W.

Berechnung der Beleuchtungsstärke: In der Praxis will man häufig wissen, wie viele Lampen man benötigt, um eine bestimmte Fläche mit Licht zu versorgen.
Hier ein Beispiel: Die Nutzfläche ist ein Fenster mit 2 m^2, es sollen 4000 lx erreicht werden. Wir berechnen den gewünschten Lichtstrom nach folgender Formel:

$$\text{Lichtstrom (lm)} = \frac{\text{Lux} \times \text{Fläche}}{\text{Wirkungsgrad}}$$

Für unser Beispiel ergibt das:

$$\frac{4\,000 \times 2}{0{,}4} = 20\,000 \text{ lm.}$$

Wir benötigen 20000 lm. Da wir wissen, daß Leuchtstoffröhren günstigenfalls 85 lm/W Lichtausbeute haben, rechnen wir weiter:

$$\frac{20\,000 \text{ lm}}{85 \frac{\text{lm}}{\text{W}}} = 235{,}29 = 235 \text{ W.}$$

Wenn wir jetzt noch berücksichtigen, wieviel Watt unsere Leuchtstoffröhre hat, können wir errechnen, wie viele Lampen wir benötigen.

In unserem Beispiel gehen wir von 40 Watt pro Lampe aus, also gilt:

$$\frac{235 \text{ W}}{40 \text{ W}} = 5{,}8$$

Für unser Fenster müssen wir also 5 oder besser 6 Leuchtstofflampen intallieren, d.h., installieren lassen!

Soweit unsere Rechnung, die aber recht theoretisch ist, denn unsere 4000 Lux erreichen wir nur in unmittelbarer Nähe der Lampen. Die Pflanzen stehen jedoch gewöhnlich in einigem Abstand zu den Lampen. Es hilft nichts, wir müssen noch einmal mit dem Luxmeter überprüfen.

Im Blumenfenster würde eine reine Pflanzenleuchte mit ihrem Rot-Blau-Anteil übrigens eher an eine Diskothek als an ein Blumenfenster erinnern. Hier wählt man daher für jede zweite Leuchte eine normale Leuchtstofflampe (Warmton). Für die richtigen Lichtverhältnisse ist gesorgt!

Beleuchtungsdauer: Der tropische Tag, genauer der Tag in Äquatornähe, hat 12 Stunden Licht. Wir haben im Sommer mehr Stunden Licht, aber die Strahlungsmenge ist, über das gesamte Jahr gesehen, in den Tropen trotzdem wesentlich höher. Da die Photosyntheseleistung nicht nur von der Intensität, sondern auch von der Dauer der Strahlung bestimmt wird, sollten wir in unseren Breiten im Winter ruhig 14 Stunden Licht anbieten. Dabei ist natürlich darauf zu achten, ob die „Kunstlichtbeleuchtungsstärke" über den Kompensationspunkt reicht. Häufig wird ja nur mit Hilfe der ohnehin vorhandenen natürlichen (Winter-)Strahlung dieser Punkt zu erreichen sein. Wo wenige Lampen installiert sind, können diese nur wirksam werden, wenn genügend natürliches Licht dazu kommt.

Wem dies alles viel zu technisch ist, der kann auch durch Beobachtung seiner Pflanzen viel über die richtige Lichtmenge erfahren. Vergeilen die Triebe, entwickeln sich weiche Blätter oder hat die gesamte Pflanze eine hellgrüne, ungesunde Färbung, ist dies ein Hinweis auf Lichtmangel.

Andererseits kann auch das Lichtangebot zu groß sein (Sommer). Triebe und Blätter färben sich rötlich. Hier ist Abhilfe durch Schattierung zu schaffen. Sogar Orchideen mit hohem Lichtbedürfnis, die am heimischen Standort dem vollen tropischen Licht ausgesetzt sind, leiden bei uns. Die Strahlungsmenge nimmt ab Februar stark zu. Die dem Licht entwöhnten Pflanzen können sich nicht schnell genug darauf einstellen.

Im Gewächshaus oder Wintergarten besteht sogar die Gefahr, daß es zu Verbrennungen, also Gewebezerstörungen kommt. Eigentlich sind es gar keine bzw. nur selten direkte Verbrennungen, sondern vielmehr Folgen einer zu großen Hitzeentwicklung, eines Hitzestaus. Dabei spielt der Gewächshauseffekt eine Rolle. Die Pflanzen leiden auch durch die Erwärmung der meist dunklen Gefäße und der Substrate. Es kann sein, daß sie im Hitzestau mehr Feuchtigkeit verdunsten, als sie über die Wurzeln aufnehmen können; sie welken bis zur Gewebezerstörung.

Es ist trotzdem schwer, Angaben darüber zu machen, wie und wann man Orchideen schattiert! Zum einen haben die verschiedenen Arten und Sorten unterschiedliche Lichtansprüche, zum anderen ist jeder Kulturraum anders. Bei einem freistehenden Gewächshaus, einem Wintergarten oder einem Fenster in Südlage, kann man davon ausgehen, daß ab März bis September ein Schatten erforderlich ist. Gebräuchlich ist ein Schattierwert von 50 %; damit ist allen Orchideen in jedem Fall geholfen. Wenn man seine Pflanzen nach ihren Lichtbedürfnissen im Fenster einordnen kann, genügen auch 30 % Schattierwert. Man sorgt einfach dafür, daß die lichthungrigen in der ersten Reihe und weniger lichthungrige dahinter plaziert werden. Im Gewächshaus verfährt man entsprechend.

In meinem Gewächshaus hat sich auch eine Schattierung durch andere Pflanzen bewährt. So habe ich z. B. Tafelwein gepflanzt. Unter den tropischen Verhältnissen entwickelt er sehr große Blätter und das sehr früh im Jahr; diese schattieren die darunter stehenden Orchideen. Im Herbst fällt das Laub ab und die Orchideen nutzen wieder das volle Licht. – Ein angenehmer Nebeneffekt ist die Ernte hervorragender Tafeltrauben! Wem der Wein nicht „tropisch" genug erscheint, der kann natürlich auch rankende Pflanzen tropischer Herkunft wählen (Cissus oder Passiflora). Nachteilig ist nur, daß es sich nicht um laubabwerfende Pflanzen handelt, im Winter ist jeder Lichtstrahl kostbar. Ein weiterer in seiner positiven Auswirkung nicht zu unterschätzender Nebeneffekt der natürlichen, grünen Schattierung ist die Verbesserung des Klimas im Haus. Die Pflanzen verdunsten entsprechend der Innentemperatur viel Feuchtigkeit, die den Orchideen zugute kommt, und umgekehrt!

Eine Schattenmatte am Gewächshaus oder Wintergarten, ob aus Kunststoff oder Reet, sollte möglichst außen angebracht werden. Die Strahlen sollen gar nicht erst in das Haus gelangen, dort erst werden ja die kurzwelligen Strahlen zu langwelligen Wärmestrahlen. Ist eine Innenschattierung unumgänglich, sollte die Wärme über ausreichend große Lüftungen oberhalb der Schattierung abgeführt werden. Beweglicher Schatten ist einem Dauerschatten vorzuziehen. Am Fenster kann man z. B. die Gardine an lichtarmen Tagen aufziehen. Im Gewächshaus oder im Wintergarten sind hierzu meist aufwendige und teure Einrichtungen erforderlich. In jedem Fall muß trotz Schattierung ungehindert gelüftet werden können. Schattierfarbe, wie sie manchmal in gewerblichen Gärtnereien gebraucht wird, ist nur zu verwenden, wenn das Regenwasser, das über die Dachflächen des Gewächshauses oder des Wintergartens läuft, nicht als Gießwasser Verwendung findet.

Wärme oder/und Kälte

Eigentlich ist der Wachstumsfaktor Temperatur nicht vom Licht zu trennen. Etwa die Hälfte der Strahlung wird an der Erdoberfläche absorbiert und kommt dem Wärmehaushalt der Erde zugute. 45 % der Strahlung sind aus dem sichtbaren Bereich des Lichtes. Wie man sieht, hat also das Licht auch hier den entscheidenden Anteil. Nur 0,025 % werden durch Photosynthese gebunden, und das ist ausreichend für alles Leben auf der Erde (nach Strasburger, 1986).

Bei Orchideen tropischer Herkunft müssen wir, neben der natürlichen

Wärmestrahlung, für eine zusätzliche Heizungsquelle sorgen. Für jede Orchidee gibt es eine Optimaltemperatur (ob die dem Kultivateur immer bekannt ist, steht auf einem anderen Blatt). Dabei ist der heimische Standort, die Anpassung an dortige Durchschnittswerte, unser Maßstab. Neben der Optimaltemperatur kennen wir die Toleranztemperatur, die durch die Minimum- und Maximumwerte nach unten bzw. oben begrenzt werden. Nur innerhalb dieser Temperaturwerte ist die Photosynthese, die ja eine chemische Reaktion darstellt, möglich. Die Toleranztemperatur ist ebenfalls vom heimatlichen Klima und der jeweiligen Anpassung der Pflanzen an dieses geprägt. Außerhalb der Toleranztemperatur treten Wachstumsstörungen bis zum Absterben der Orchidee auf. Kurzfristige Einbrüche in höhere bzw. niedrigere Werte werden bei günstigen Voraussetzungen (gesunde Pflanzen) jedoch überstanden. Sogar Frost bis –3 °C haben tropische Orchideen schon kürzere Zeit überstanden! Das mag damit zusammenhängen, daß es auch in der Heimat der Orchideen zu Kälte- oder Dürreperioden kommen kann.

Da die Orchideen in Klimagebieten zu Hause sind, denen auch unsere übrigen Zimmerpflanzen entstammen, können wir von diesen die gärtnerisch üblichen Werte übernehmen. Das sind Erfahrungswerte aus vielen Jahrzehnten Kulturerfahrung mit tropischen Pflanzen. Für alle Pflanzen ist es normal, daß die Nachttemperatur – manchmal erheblich – von den Tageswerten abweichen kann. Außerdem sind jahreszeitliche Schwankungen üblich.

Nebelwaldzone in Nordperu, auf den Bäumen Bromelien als Epiphyten.

Damit keine voreiligen oder falschen Schlüsse aus Standortangaben gezogen werden, noch ein Beispiel. Für uns Mitteleuropäer ist die Angabe „Peru" als Herkunft einer Pflanze, meist mit dem Gedanken an tropische Wärme, hohe Luftfeuchtigkeit usw. verbunden. Dabei wird leicht vergessen, daß neben der horizontalen Klimaveränderung, warm am Äquator, kalt an den Polarzonen, auch vertikale Klimazonen existieren, Peru gliedert sich in drei Großlandschaften. Einmal der Küstenbereich, hier ist es wüstenhaft, nur entlang der aus den Anden kommenden Flüsse erstrecken sich fruchtbare Gebiete. Daran schließt sich das Gebirgsland, die Sierra an. Die Westkordillere steigt unmittelbar aus der Küstenregion auf und hat die höchsten Berge der Kordilleren (über 6000 m). Hier ist die Wasserscheide zwischen Pazifik und Atlantik. Die Ostkordillere wird von vielen Flüssen in schluchtartigen Tälern durchbrochen. Hochgebirgstäler und Hochflächen sind kennzeichnend für diese Landschaft. Nach Osten schließt sich an die Sierra tropisch heißes Waldland, mit typischen Regenwäldern an. Die wiederum steigen als Nebelwälder bis in 3500 m Höhe in den Gebirgszügen der Kordillere auf. Die Regenwälder reichen bis in das wenig besiedelte Amazonasbecken. Im Küstengebiet fallen jährlich bis 50 mm Niederschlag, im Hochland 600 bis 1000 mm, im Waldland bis 3000 mm. Die Schneegrenze liegt in den Bergen bei 5000 m (Brockhaus/Länder und Klima, 1982). Die Herkunftsbezeichnung „Peru" kann also nur wenig über die klimatischen Bedürfnisse einer Pflanze aussagen. Wenn nähere Angaben fehlen, was in Anbetracht der meist größeren Verbreitungsgebiete wohl häufig der Fall sein wird, kann man nur versuchen, über den Habitus der Pflanze Rückschlüsse auf ihre Bedürfnisse zu erhalten.

Wichtig ist vor allem, daß wir immer an das Minimumgesetz denken. Wir passen alle Wachstumsfaktoren dem Faktor an, den wir am schlechtesten ändern können, d. h. bei Lichtmangel reduzieren wir die Heizung entsprechend und halten die Feuchtigkeit gering.

Mit einer zusätzlichen Schwierigkeit haben wir es außerdem zu tun. In einer Orchideensammlung kommen selten alle Pflanzen von einem Standort. Ja, sie kommen vielleicht sogar von verschiedenen Kontinenten. Unser Kulturraum muß also eine kontinentübergreifende Kompromißlösung sein!

Das hört sich alles kompliziert an, aber wir schöpfen ja aus der Kulturerfahrung mehrerer Gärtnergenerationen. Nur sollte man sich von der Vorstellung lösen, es gebe so etwas wie eine „Gebrauchsanweisung" für Orchideen. Experimente sind an jedem Kulturstandort nötig.

Wie bereits gesagt, teilen die Gärtner die Temperaturen in den Gewächshäusern in Gruppen ein, die für alle Zimmerpflanzen gelten. Hier ist mit dem Begriff Gewächshaus natürlich auch jeder andere Kulturraum erfaßt (Wintergarten, Blumenfenster, Vitrine u. a.). Alle Angaben beziehen sich auf Temperaturwerte einer künstlichen Wärmequelle, daß diese Angaben im Sommer überschritten und auch mal unterschritten werden ist normal (Toleranztemperatur).

Der Gartenbau unterscheidet in der Regel drei Gewächshaustempe-

Zeit	Temperatur* in verschiedenen Gewächshaustypen in °C		
	Kalthaus	Temperiertes Haus	Warmhaus
Januar	8–12	15–18	18–24
Februar	9–13	16–18	19–24
März	9–13	16–20	19–24
April	10–14	16–20	20–25
Mai	11–14	18–21	20–25
Juni	12–15	18–21	20–28
Juli	12–15	18–21	20–28
August	12–15	18–21	20–28
September	10–14	16–20	19–24
Oktober	9–13	16–20	19–24
November	8–12	15–18	18–24
Dezember	8–12	15–18	18–24

* Es sind monatl. Durchschnittstemp. angegeben – generell ist eine Nachtabsenkung von mind. 3°C vorzunehmen.

raturen, das Kalthaus, das Lau- oder temperierte Haus und das Warmhaus. Für Orchideen kann ich aus eigener Erfahrung die Monatstemperaturwerte in nebenstehender Tabelle als geeignet bezeichnen: Es sei hier ausdrücklich darauf hingewiesen, daß die Tabelle Durchschnittswerte enthält, die immer individuell angepaßt werden müssen. Hat man in einem Kalthaus z. B. *Masdevallia*, und davon die Arten aus besonders hoch gelegenen, kalten Gebieten der Anden, können die Temperaturen, besonders im Sommer möglichst noch niedriger liegen. Andererseits können bei warm kultivierten *Paphiopedilum*, die gerade in den Wintermonaten wachsen, die Warmhaustemperaturen ruhig noch um 1–2 Grad höher liegen. Dabei müssen natürlich auch die Lichtverhältnisse entsprechend aufgewertet werden.

Luftfeuchtigkeit und -zirkulation

Wie zwischen Temperatur und Licht, so besteht auch zwischen Temperatur und Luft in der Orchideenkultur ein enger Zusammenhang. Beschäftigen wir uns zunächst mit der Luftfeuchtigkeit.

Der Eintritt des Kohlendioxids, CO_2 (zur Photosynthese), erfolgt hauptsächlich durch die Spaltöffnungen der Blätter. Nur bei genügend hoher Luftfeuchtigkeit sind diese geöffnet und zur Aufnahme fähig. Bei niedriger Luftfeuchtigkeit soll ja das Schließen der Spaltöffnungen ein vollständiges Austrocknen der Pflanze verhindern. Mit dem

Kleine Glasvitrine mit Orchideen, Bromelien und Grünpflanzen. Die richtige Gemeinschaft erleichtert die Pflege.

Schließen wird auch der Transport der Nährstoffe in der Pflanze eingeschränkt. Das Wachstum wird unterbrochen.

Mit Luftfeuchtigkeit meinen wir übrigens den Wasserdampfgehalt der Luft. Bis zur Sättigung kann die Luft, je nach Temperatur, unterschiedliche Mengen Wasserdampf binden. Bei 0 °C sind es 5 g Wasserdampf, bei 30 °C müssen es schon 30 g sein. Eine Sättigung ist im Nebelwald häufig, im Zimmer nie und im Gewächshaus selten anzutreffen. Man kann jedoch einiges tun, um die Luftfeuchtigkeit im Kulturraum zu verbessern (s. S. 24).

Den Unterschied zwischen der tatsächlich aufgenommenen Wasserdampfmenge und der theoretisch möglichen, bezeichnet man als relative Luftfeuchtigkeit. Diese wird in einer Prozentzahl ausgedrückt. So bedeutet eine relative Luftfeuchtigkeit von 40 % bei 30 °C, daß die Luft nur 12 g Wasserdampf enthält – von 30 g, die möglich wären (Sättigung).

Gemessen wird die Luftfeuchtigkeit mit einem Hygrometer, ein unentbehrliches Hilfsmittel in der Orchideenkultur. Wenn auch Orchideen eine hohe Luftfeuchtigkeit benötigen, so muß man doch nicht befürchten immer in einer „Waschküchenatmosphäre" leben zu müssen, wenn man Orchideen kultiviert. In der äquatorialen Zone sinkt die Luftfeuchtigkeit tagsüber nicht selten auf 40 bis 60 % ab. In der Trokkenzeit sogar noch tiefer. In Cuzco (Peru), das 3 225 m hoch in der Sierra gelegen ist, beträgt das mittlere tägliche Maximum 21 °C, das mittlere tägliche Minimum 4,5 °C. Die relative Luftfeuchtigkeit liegt morgens (jahreszeitlicher Durchschnitt) bei 83 %, nachmittags bei 29 % (nach Brockhaus/Länder und Klima, 1982).

Die meisten Orchideen kommen mit 40 bis 60 % Luftfeuchtigkeit aus. Eine vollständige Sättigung ist auch gar nicht erwünscht, wie wir gesehen haben, denn zum Transport der Nährstoffe in der Pflanze ist auch eine rege Verdunstungstätigkeit erforderlich. Worauf es aber ankommt, ist die Schaffung eines Kleinklimas.

Es ist ein wenig wie im Garten vor dem Haus: Auf das Wetter haben wir keinen Einfluß, aber mit einer geschickten Bepflanzung, mit Windschutz, mit einem Gartenteich, mit Bodenbedeckern erreichen wir ein günstiges Kleinklima. Genau so verfahren wir im Zimmergarten. Es sind nicht nur technische Einrichtungen, die Einfluß auf die Luftfeuchtigkeit haben. Erst die geschickte Zusammenstellung einer Pflanzengemeinschaft ermöglicht optimale Erfolge. Ein elektrisch betriebener Luftbefeuchter kann hilfreich sein, aber allein wird er nie das richtige Kleinklima ermöglichen. Die Pflanzen verdunsten einen großen Teil der aufgenommenen Feuchtigkeit. Die Feuch-

Nageliella purpurea, siehe S. 80. Kleine Art, weite Verbreitung, perfekte Anpassung an helle Standorte.

tigkeitsmenge richtet sich nach der Temperatur am Standort der Pflanze. Viele Pflanzen verdunsten viel Wasser, die Luftfeuchtigkeit erhöht sich, alle profitieren davon.

Wer seine erste Orchidee erwirbt, sollte sie also nicht allein lassen. Sie gehört in eine Gemeinschaft. Vorbild ist die Natur. Orchideen sind wie alle Lebewesen Teil einer Gemeinschaft. Der Epiphyt „Orchidee" nutzt den Baum, den er „bewohnt". Er profitiert von der Verdunstung seiner Blätter ebenso wie es seine Nachbarn, die Bromelien, die Farne, Moose und Algen tun. Blätter geben ihm Schatten, Moose und Flechten schützen seine Wurzeln. In dieser Gemeinschaft verdunstet aber auch die Orchidee, die Bromelie, der Farn. Farne und Moose siedeln im Wurzelbereich der Orchidee, nachdem sich dort Humus bilden konnte. Diese Gemeinschaft ist unser Vorbild im Zimmergarten, im Gewächshaus, in der Vitrine oder im Wintergarten.

Viele Fehler lassen sich schon bei der Einrichtung verhindern. Stehen am Anfang wenige Orchideen zur Verfügung, helfen zunächst preiswerte, genügsame Pflanzen. Viele Blätter sind gefragt, schnelles Wachstum. Geeignet sind beispielsweise Efeu, Gummibaum *(Ficus pumila)*, Dieffenbachia, Philodendron und Syngonium. Später lassen sie sich entfernen, um weiteren Orchideen Platz zu schaffen. Im Zusammenhang mit dem Epiphytenbaum werden wir darauf noch ausführlich zu sprechen kommen.

Zunächst jedoch wollen wir uns weiteren Aspekten des so wichtigen Wachstumsfaktors „Luft" widmen. Zu Temperatur und Luftfeuchtigkeit gehören untrennbar Frischluft und Luftbewegung.

Den Teil der Luft der unmittelbar zur Photosynthese benötigt wird, das Kohlendioxid, habe ich schon mehrfach angesprochen. Im Durchschnitt beträgt der Kohlendioxidanteil der Luft nur 0,03 %. In Bodennähe steigt er aber manchmal erheblich an. Die Hauptbestandteile der Luft sind dagegen mit ca. 78,1 % bzw. 20,9 % Stickstoff und Sauerstoff.

Daß die Luft, etwa in dieser Zusammensetzung, als Gemisch erhalten bleibt, dafür sorgen Luftströmungen, d. h. Ventilatoren.

Stickstoff kann nur von wenigen Pflanzen direkt aus der Luft aufgenommen werden. Für die meisten Pflanzen gilt, daß erst die Umsetzung in Stickstoffsalze die Aufnahme über die Wurzel und das Blatt ermöglicht. Sauerstoff, den ja die grünen Pflanzen auch selbst produzieren, benötigen sie wie alle Lebewesen zur Atmung, also zur Energiegewinnung. Die größte Menge wird dabei durch die Wurzel aus dem Boden aufgenommen. Sinkt der Sauerstoffanteil der Luft unter 10 % nehmen die Pflanzen jedoch Schaden. Die Wurzel stirbt (= erstickt). Damit kann keine Nährstoff- und Wasseraufnahme mehr erfolgen. Die Pflanze welkt. Sauerstoffmangel ist die häufigste Ursache für Wurzelerkrankungen. Unter Sauerstoffmangel leiden dann natürlich auch alle Bodenorganismen deren Aufgabe die „Zubereitung" der Nährsalze ist.

Der verbrauchte Luftsauerstoff muß, auch im Bodenbereich ständig erneuert werden. Die Luft muß also bewegt, ersetzt werden. Ein Kulturraum für Orchideen muß immer über eine Lüftungsmöglichkeit verfügen. Dabei ist die Luft so zu den Pflanzen zu bringen, daß sie sich erst im Raum erwärmen kann, ehe sie auf die Pflanzen trifft.

Ein Ventilator sorgt ständig für Luftbewegung. Vor allen Dingen im Gewächshaus oder Wintergarten. Der Ventilator sollte so ausgelegt sein, daß er die Luft mindestens 30 bis 60mal pro Stunde umwälzt. Beim Einkauf ist also auf die Leistung, die am Typenschild abzulesen ist, zu achten (Fördermenge m^3/h)! Auch in Vitrinen ist Luftbewegung nötig. Heute werden schon sehr kleine Ventilatoren angeboten, ansonsten sind Luftschlitze, jeweils oben und unten, anzubringen.

Luftbewegung ist, wie gesagt, die Voraussetzung für Kohlendioxidversorgung. Durch ständige Luftbewegung wird den Pflanzen Kohlendioxid zugeführt.

Wasser/Feuchtigkeit

Neben den Fragen nach der richtigen Substratmischung für Orchideen, nimmt kein anderes Thema einen breiteren Raum in der Pflege der Orchideen ein: das Gießwasserproblem.

Wasser ist Hauptbestandteil aller lebenden Zellen, Wasser ist Leben! Zunehmend werden wir durch tägliche Meldungen in der Tagespresse darauf aufmerksam gemacht, daß Wasser von unterschiedlicher Qualität ist, daß es manchmal Ursache für Krankheiten sein kann und es immer aufwendigerer Vorrichtungen bedarf, es für den Menschen genießbar zu machen.

Alles Wasser ist bei uns mittlerweile mit mehr oder weniger hohen Salzgehalten versetzt. Salzgehalt und Härte nehmen im Sommer zu (Wachstumszeit!). Im Winter und Frühjahr stehen größere Wassermengen zur Verfügung (Niederschläge!), die für günstigere Mischungsverhältnisse sorgen. Die Salzkonzentration sinkt natürlich immer in Abhängigkeit der jeweiligen Bodenbeschaffenheit. Wer also Fluß- oder eigenes Brunnenwasser verwendet, muß unbedingt auf den Salzgehalt achten.

Trinkwasser hat einen erheblich niedrigeren Salzgehalt! Außerdem haben wir die Möglichkeit Regenwasser zu sammeln. Mit dem Regenwasser sammeln wir jedoch, neben Schmutzpartikeln, SO_2 und Stickoxide.

Jetzt mag man denken, daß fast kein Wasser mehr für die Pflege unserer Orchideen zu gebrauchen ist. So erscheint das natürlich nur auf den ersten Blick. Am Wasser kann man etwas verbessern! In der Praxis hat sich außerdem gezeigt, daß Wasser in seiner Qualität seltener die Ursache der Mißerfolge war, als Wasser in seiner Quantität.

Trotzdem sollte, wer optimale Pflegeergebnisse anstrebt, auf die Wasserqualität, die ihm zur Verfügung steht, achten. Worauf ist im einzelnen zu achten?

Gesamtsalzgehalt: Er wird heute meist in Mikrosiemens angegeben. Das ist die elektrische Leitfähigkeit einer Flüssigkeit. Dazu wird der elektrische Widerstand gemessen. Der mit einem Leitfähigkeits-Meßgerät ermittelte Wert, kann mit dem Faktor 0,625 multipliziert werden, um eine Angabe in mg Salzgehalt pro Ltr. Flüssigkeit (mg/l) zu erhalten.

Hier ein Beispiel: Der Leitwertmesser zeigt 400 Mikrosiemens in unserm Gießwasser an. $400 \times 0{,}625 = 250$ mg/l Flüssigkeit. Ein noch niedriger Salzgehalt, wobei für Orchideen noch niedrigere Werte angestrebt werden sollten.

Natürlich sagt mir diese Angabe nur, daß Salze vorhanden sind, nicht aber welche! Allgemein gilt jedoch, daß Wasser mit hohem Salzgehalt (und/oder hoher Gesamthärte) Schädigungen an Pflanzen hervorrufen kann. Neben der spontanen Schädigung, kommt es auch zu Langzeitschäden durch Salzanreicherung. Dies ist besonders bei Kleinpflanzen und aufgebundenen Pflanzen zu berücksichtigen.

Leider sind solche Wachstumsminderungen häufig schwer zu erkennen, da sich die Salzanreicherungen eventuell über einen sehr langen Zeitraum bilden. Ist der Salzgehalt außerhalb der Pflanze höher als im Gewebe, kommt es (nach den Gesetzen der Osmose) zum Austausch. Die Pflanzenzellen (Wurzeln aber auch Blätter) geben Wasser ab. Trotz ausreichender Wasserversorgung welken solche Pflanzen. Letzendlich kommt es zu irreversiblen Schädigungen. Meist erkennt man die Ursache zu spät, bzw. werden die Schadbilder durch überlagernde Folgeschäden überhaupt nicht erkannt. Die gleichen Schädigungen treten übrigens auch bei Überdüngungen auf!

Natürlich können neben dem Gesamtsalzgehalt auch einzelne Salze im Gießwasser, die in überhöhter Konzentration auftreten, zu entsprechenden Schädigungen führen. Hier helfen dann nur exakte Untersuchungen in den Bodenuntersuchungsinstituten, die fast in jedem Bundesland über die Pflanzenschutzämter zu erfragen sind. Die Qualität des Leitungswassers erfragen Sie bei dem zuständigen Wasserversorgungsunternehmen.

Wasserhärte: Im Grund-, Quell- und Flußwasser treten vor allen Dingen Calcium- und Magnesiumsalze auf, sie bilden die Härte des Wassers. Da die öffentliche Versorgung auch aus diesen „Quellen" gespeist wird, spielt auch hier die Härte eine Rolle.

Man spricht von hartem bzw. weichem Wasser. Die Gesamthärte wird durch die Karbonathärte (= vorübergehende oder temporäre Härte) und durch die Nichtkarbonathärte (= bleibende Härte) bestimmt. Wie die Bezeichnungen verraten, kann die vorübergehende Härte z. B. durch Erhitzen über 40 °C ausgefällt werden (Kesselstein!). Die bleibende Härte wird aus Sulfaten bzw. Chloriden gebildet. Sie zu beeinflussen ist schwieriger.

Die Härte wird in ° dH (= Grad deutscher Härte, wobei 1 ° dH = 10 mg CaO oder 7,2 MgO in einem Liter Wasser bedeutet) angegeben bzw. heute nur in ° d, oder in mval (= Milliaquivalente, wobei 1 mval = 11 ° dH). 0–4 ° d entsprechen sehr weichem Wasser, 5–8 ° d weichem Wasser und ab 18 ° d hartem Wasser.

Die Karbonathärte bestimmt daneben den pH-Wert des Wassers. So kann durch das Gießwasser der pH-Wert des Substrates erheblich verändert werden.

Orchideen benötigen einen pH-Wert von 5–6. Leicht saures Wasser ist also für Orchideen ideal, – was natürlich in Abhängigkeit vom Kultursubstrat zu sehen ist (Torfsubstrate sind meist sauer!). Der pH-Wert bestimmt die Verfügbarkeit der Salze für die Pflanzenernährung.

Wasseraufbereitung: Zunächst einmal ist festzustellen, daß sich besondere Aufwendungen nur bei entsprechend großen Pflanzensammlungen lohnen. Bei wenigen Pflanzen kann man die Verwendung von Regenwasser eigentlich noch unbedenklich empfehlen, – trotz zunehmender Umweltbelastungen. Die Karbonathärte kann mit Hilfe einer Kaffeemaschine beseitigt werden, wenn man nicht allzu viele Pflanzen mit derart behandeltem Wasser versorgen will. Auch Wasser aus einem Aquarium, einem Teich ist in der Regel gut geeignet. Selbstverständlich kann in einigen Gebieten Deutschlands das Leitungswasser ebenfalls unbedenklich verwendet werden! Ein Anruf beim

Versorgungsunternehmen gibt Aufschluß.

Bei mittelhartem Wasser ist ein Verschnitt mit Regen- oder Aquariumwasser angebracht. Vorsicht übrigens bei Haushaltsenthärtungsanlagen, die mit Kochsalz regeneriert werden! Die Eignung für Wasch- und Spülmaschine mag richtig sein, Pflanzen leiden jedoch unter den freigesetzten Natriumchloridmengen.

Darüber hinaus bietet die Industrie Wasserenthärtungsanlagen verschiedener Systeme und Größen an. Diese sind nicht billig. Informieren Sie sich im Aquariumbedarfshandel.

Neben diesen Hinweisen sollte man jedoch nicht die einfachsten Grundregeln für die Gießwasserverwendung vergessen: Erstens sollte man das Wasser immer auf Raumtemperatur erwärmen, zweitens erst abstehen lassen, damit zugesetztes Chlor entweichen kann und drittens aufbereitetes Wasser niemals total enthärten!

Das Gießen: Leider kann diese Überschrift nicht Ihre Fragen nach der Häufigkeit des Gießens einschließen. Hier gibt es keine feste Regel. Wichtig ist jedoch die Beachtung nachfolgender Kriterien:

- Temperatur des Kulturraums (kalt, temp. oder warm)
- Jahreszeit (Pflanzen, die sich im Sommer in der Vegetationsruhe befinden, verbrauchen noch mehr Wasser, als wenn sie diese Phase in den Wintermonaten erleben)
- Wurzelzustand der Pflanze (auch Wurzelmenge im Verhältnis zur Pflanzengröße)
- Substratzusammensetzung (z. B. Torf- oder Styroporanteile, sie bestimmen die Aufnahmefähigkeit)
- Zustand des Substrates (Wie dicht ist es inzwischen, z. B. durch Alterung gelagert?)
- Vegetationszustand (Trieb- und Wurzelentwicklung)
- Pflanzen- und Gefäßgröße (Man kann nicht auf Vorrat gießen!)

Cirrhopetalum fascinator, manchmal kann man die Namen leicht verstehen.

Nährstoffbedarf und Düngung

Natürlich kann im Rahmen dieser Abhandlung nur auf einige praxisbezogene Faktoren hingewiesen werden. Für Spezialisten eröffnet sich hier ein weites Feld, denn Nährstoffbedarf und Düngung muß im Zusammenhang mit der Wasser- und Substratfrage gesehen werden.

An ihrem natürlichen Standort ist die Pflanze auf Gedeih und Verderb mit dem Ort der Keimung verbunden. Dabei ist nicht jeder „Zufallsstandort" ideal, trotzdem finden wir Orchideen einer Art, wie andere Pflanzen auch, über große Areale mit unterschiedlichen Verhältnissen verbreitet. Die Toleranz der Pflanzen hinsichtlich des Nährstoffangebots ist groß.

Es ist gut, daß wir uns das zunutze machen können, denn wir kennen die optimalen Bedingungen für die einzelnen Orchideen oft gar nicht. Wieder sei ein Beispiel aus Peru zur Verdeutlichung angeführt, Bodenuntersuchungen am Standort einer terrestrisch wachsenden *Masdevallia* Art.

Zur Untersuchung gelangten Proben von ca. 10 km voneinander entfernten Standorten. Äußerlich war kein Unterschied in Größe oder Gesamteindruck der Pflanzen feststellbar. Die Bodenproben waren dunkel (= 1) bzw. hell (= 2) und enthielten die in oben stehender Tabelle aufgelisteten Nährstoffe. Hier lassen sich deutliche Unterschiede erkennen, die von den Pflanzen aber offensichtlich toleriert werden. Zu den Untersuchungen gab das Labor Hinweise, die sich an den „im Gartenbau üblichen" Angaben für Orchideen orientieren. So war der Stickstoffgehalt bei Probe 1 als deutlich zu hoch, der Phosphatgehalt bei Probe 2 schon als Mangel

Nährstoffe	Standort 1	Standort 2
pH-Wert	4,4	4,2
Stickstoff	mg 25	9
Phosphat	mg 6	4
Kalium	mg 39	13
Magnesium	mg 12	9
Eisen	ppm 63	30

Angaben in mg/100 g Boden bzw. ppm (= mg/1000 g Boden)

angegeben. Sicher war keiner der Standorte optimal, nur wann ist in der Natur schon etwas optimal?

Orchideen benötigen alle Nährstoffe, die andere grüne Pflanzen auch benötigen, denn selbstverständlich wandeln auch sie Lichtenergie und Wasser bei der Photosynthese in organische Substanz. Sie benötigen dazu Nährelemente als Haupt- und Spurenelemente, sowie organische Verbindungen und Wirkstoffe.

Die vielfach diskutierte Frage, ob die Dünger anorganisch oder organisch sein sollen, mag dahin entschieden werden, daß sich Pflanzen immer nur aus anorganischen Ionen ernähren. Organische Dünger haben nur dann eine Bedeutung, wenn sie im Substrat von Mikroorganismen zersetzt werden, bevor sie in die Wurzeln gelangen. Die einfachste Lösung ist die Düngung mit fertigen Orchideendüngern (GABI-Orchideendünger, Orchid-Quick u. a.).

Bei der Kultur der Orchideen können wir den Standort unserer Pflanzen nicht nur örtlich, sondern vor allen Dingen „innerlich" verändern. Mit dem Umpflanzen werden neue Nährstoffe verfügbar gemacht. Zusätzlich können Nährstoffe mit dem Gießwasser an die Pflanze transportiert werden.

Bleiben wir zunächst einmal bei dem Substrat. Miniaturorchideen können in einem Gefäß, Kunststoff, Holz, Kokos oder Ton, aber auch aufgebunden kultiviert werden. Das Gefäß oder die Unterlage, z. B. Äste von Thuja, Juniperus, Eiche oder Korkeichenrindenstücke werden durch die Umgebung, den Kulturraum, bestimmt (s. S. 39).

Verschiedene Substrate

Das Substrat ist der unmittelbare Lebensraum der Orchideen. Wir unterscheiden terrestrisch oder epiphytisch wachsende Orchideen, entsprechend mischen wir das Substrat. Trotzdem: nicht die Zusammensetzung des Substrates, sondern die Gießfreudigkeit des Pflegers ist das entscheidende Kriterium für die Zusammenstellung der Substrate.

Immer wieder probieren Orchideenfreunde „neue", sensationelle Pflanzsubstrate. Es werden makellose Exemplare aus dieser oder jener Gärtnerei gezeigt. Leider funktioniert die Nachahmung oft nicht! Der Erfolg ist nicht ohne weiteres wiederholbar, die Gewächshäuser, Temperatur und Luftfeuchtigkeit, der Gärtner, die Nährstoff- und Substratbedingungen und nicht zuletzt, die Wasserqualität und Gießhäufigkeit, müßten bei einer „blinden" Nachahmung mit kopiert werden.

Der Anfäger wird mit fertigen Subtraten, die von den Herstellern so gemischt werden, daß die Mehrheit der Kultivateure damit zurechtkommt, den größten Erfolg haben.

In der Regel sind als „Orchideensubstrate" angebotene Fertigmischungen unproblematisch verwendbar. Leider sind sie in ihrer qualitativen Zusammensetzung nicht immer mit dem Preis in Einklang zu bringen. Bei größeren Sammlungen sollte der Kultivateur, der schon ein bißchen Erfahrung sammeln konnte, daher „seinen" Pflanzstoff selber mischen.

Die heutigen Orchideensubstrate setzen sich aus rund einem Dutzend verschiedenen Stoffen zusammen, die im folgenden einzeln besprochen werden sollen.

Farnwurzeln: Noch in älteren Orchideenbüchern als Hauptbestandteil aller Orchideenpflanzstoffe angegeben. *Polypodium (Polypodium vulgare), Osmunda (Osmunda regalis)* und tropische Baumfarne, wie *Dicksonia* und *Hapuu*. In ihren Eigenschaften sind diese Wurzeln ideal; sie sind strukturstabil und gewährleisten die langsame, aber ständige Bereitstellung von Nährstoffen. Ihre Biegsamkeit macht die Wurzeln auch zum Aufbinden besonders empfehlenswert. Trotzdem stehen sie für die moderne Orchideenkultur nicht mehr zur Verfügung. Nicht nur unsere heimischen Farne, sondern vor allen Dingen auch die tropischen Baumfarne sind unter strengsten Naturschutz gestellt. Ihre Verwendung gehört der Vergangenheit an!

Warum ich sie dann überhaupt erwähne? Weil alle „modernen" Substratbestandteile sich an diesen messen sollten.

Sphagnum: Als Torfmoose werden die verschiedenen *Sphagnum*-Arten zusammengefaßt. Sie bilden die Grundlage des Torfes in unseren Mooren und sind ebenfalls grundsätzlich unter Naturschutz gestellt. Genehmigte Aufsammlungen werden jedoch im Blumenhandel nach wie vor angeboten. Eigenschaften wie der niedrige pH-Wert und die außergewöhnliche Wasser- und Luftkapazität, machen sie für

Sphagnum-Moos, auch heute noch unentbehrlich für die Orchideenkultur.

Orchideensubstrate und zum Aufbinden epiphytisch wachsender Pflanzen eigentlich unentbehrlich. Des weiteren verfügen sie über bis heute nicht geklärte bakterizide und fungizide Eigenschaften. Man nutzt Torfmoos auch bei der vegetativen Vermehrung anderer Pflanzen (Abmoosen beim Gummibaum!). Für die Bewurzelung von Rückbulben, aber auch bei wurzelgeschädigten Pflanzen sind sie ideal. Nachteilig ist lediglich, daß man mit dem Moos unweigerlich Schnecken, Asseln und Wildkräutersamen einschleppt.

Laub: Hier kommt halbzersetztes Laub vieler Bäume in Frage, es wird meist gleich im Herbst gesammelt und luftig gelagert. Am besten geeignet ist Buchenlaub, da es schwach sauer und nährstoffreich ist. Nachteilig, wie bei Torfmoos, ist die ungewollte Dreingabe verschiedener Schädlinge und/oder deren Eier.

Warum überhaupt Laub? Es steht als ständig – und sofort – fließender natürlicher Nährstofflieferant zur Verfügung! Es sorgt für die Mikroorganismen, die dann auch organische Dünger aufbereiten können. Dies entspricht den Bedingungen an vielen Standorten. Düngung ist aber auch ein zeitliches Problem.

Bei hohen Temperaturen wird auch eine erhöhte Aufbereitung durch die Mikroorganismen erreicht. Die Orchidee nutzt die natürlichen Nährstoffe dann, wenn sie benötigt werden. Bei der Sicherstellung der „Grundversorgung" – in der Natur üblich – können Laub und Moos Wunder wirken!

Lehm, Kies, Kompost: Für terrestrisch wachsende Orchideen können manchmal Standorthinweise in Erfahrung gebracht werden (Berichte von Sammlern!). Die oben genannten Beimischungen werden dann gegebenenfalls in die Substrate gebracht. Gute Erfolge sind bei *Paphiopedilum* z. B. mit Lehmbeimischungen gemacht worden.

Weißtorf: Die bekannten Vorteile des Torfes, sein Wasser- und Lufthaltevermögen, seine Pufferungskraft, weitgehende Keimfreiheit und Strukturstabilität, haben ihn zum Hauptbestandteil aller modernen, fertigen Orchideensubstrate gemacht. Nachteilig ist die Sauerstoffarmut bei Nässe. (Übrigens kann auch zu trockener Torf problematisch werden: er nimmt nur schwer Wasser auf. Mit Pril kann Wasser entspannt und Torf wieder saugfähig gemacht werden.) Für Orchideenpflanzstoffe verwendet man Faser-, Brocken- und sogenannten Hühnerstreutorf. Während der naturschutzorientierte Orchideenliebhaber heute schon auf diesen Torf verzichten kann, ist er für den Orchideenerwerbsgärtner mit Monokulturen nach wie vor nur schwer zu ersetzen.

Schwarz- oder Brenntorf: Manchmal als Zuschlagstoff um Strukturstabilität zu erreichen. Da er sehr

Phalaenopsis luedd. var. Amboinense, wurde häufig zur Züchtung gelber Kreuzungen genommen.

preiswert ist, wird er in Fertigsubstraten des Handels verwandt. Nachteilig ist sein geringes Wasserhaltevermögen, vor allem auch weil er, einmal ausgetrocknet, nur schwer wieder benetzbar ist.

Rinden und Borken: Je nach Art und Herkunft sind alle mehr oder weniger schnell zersetzbar. Sie bieten also wiederum eine natürliche Nährstoffquelle. Bevor Rinden als Torfersatz im Garten eingesetzt wurden, hatten die Orchideengärtner sie schon entdeckt. Was lag näher als den „Untergrund" der Epiphyten als Substratanteil zu nutzen. Zuerst kamen nur Nadel- dann auch Laubbaumrinden zur Anwendung. Dabei liegen die Nadelholzrinden im sauren, die Laubholzrinden im alkalischen pH-Bereich. Besonders die Rinde der Douglas- und der Blautanne aus Nordamerika werden als spezielle „Orchideenrinden" angeboten. Hohe Frachtkosten haben ihre Verwendung zugunsten heimischer bzw. europäischer Rinden inzwischen eingeschränkt.

Rinden und Borken sind strukturstabil, die Wurzelbildung in ihnen ist erstaunlich. Nachteilig kann Sauerstoffmangel bei Vernässung sein. Daß Gießwasser nicht gehalten werden kann, stimmt dagegen nicht. Rinden können erstaunliche Mengen davon aufnehmen. Rinde bindet außerdem im Verlauf der Fermentierung erhebliche Mengen Stickstoff. Dies muß berücksichtigt bzw. ausgeglichen werden. Bei der Kultur im Gefäß sollte Rinde immer ein wichtiger Bestandteil des Substrats sein.

Kokosfaser: Die als Nebenprodukt der Kokosnüsse anfallenden Fasern werden vielfältig verarbeitet, z. B. als Matten oder Läufer. Reste, die bei dieser Herstellung anfallen, gelangten früher nur selten nach Europa, d. h. es war schwierig, Kokosfaser, wie in tropischen Ländern schon lange üblich, als Substrat für Orchideen einzusetzen. Da seit einigen Jahren aber Originalballen der Faser nach Europa und Deutschland gelangen – sie werden zur Ummantelung von Drainagerohren eingesetzt –, sind Kokosfasern nun auch im hiesigen Handel gut erhältlich.

Sie sind geschmeidig, trotzdem fest, sehr lange vor Zersetzung geschützt und halten Feuchtigkeit, ohne selber große Mengen aufzunehmen. Als Zusatz für alle epiphytisch wachsenden Orchideen sind sie bestens geeignet. Ideal sind sie jedoch zum Aufbinden epiphytischer Pflanzen, seien es Orchideen, Bromelien oder Farne auf eine Unterlage.

Meranti: Hier sind Späne einer Holzart gemeint, die von einem tropischen Baum gewonnen werden. Er gehört zur Gattung *Shorea*, von der mehrere Arten immergrüner Bäume in tropischen Ländern als Nutzholz angebaut werden.

Bei uns werden Fenster und Türen aus dem Holz gefertigt, da sich dieses als sehr langlebig erwiesen hat. Durch Zufall wurden solche Späne bei Orchideen eingesetzt und es stellte sich deren Eignung heraus. (Holzspäne anderer Holzarten wurden bereits seit vielen Jahrzehnten immer wieder probiert und verworfen!) Die Durchwurzelung und damit auch das allgemeine Wachstum werden positiv beeinflußt. Meranti läßt sich sowohl in Mischungen als auch allein verwenden. Nachteilig ist, was schon zur Rinde gesagt wurde, die Stickstoff-Festlegung und die Vernässungsgefahr. Leider erkennt man den Stickstoffmangel bei Orchideen häufig zu spät, sie zeigen noch lange die grüne Farbe, ehe sie gelb werden; die Schäden können wenn sie sichtbar werden schon irreparabel sein. Vorsichtig eingesetzt ist Meranti sehr erfolgreich. Zusammen mit Rindensubstraten gehört Meranti zu den Stoffen, die, wenn sie besser erforscht sind, nach und nach den Torf ganz ablösen könnten.

Gesteine, Mineralien und synthetische Schaumstoffe: Ton wird meist als Gemisch verschiedener Tonmineralien, d. h. als Blähton angeboten (bekannt aus der Hydrokultur). Geringe Aufnahmefähigkeit für Wasser und Nährstoffe. Bestens als strukturstabilisierender Zuschlagstoff, bei Pflanzstoffen für terrestrische Orchideen höherer Anteil erwünscht.

Perlite, Silikate vulkanischen Ursprungs, werden durch Hitze aufbereitet. Porös mit hoher Wasser- und Luftkapazität eignen sie sich ebenfalls zur Strukturverbesserung.

Bei Steinwolle entsteht durch Erhitzen verschiedener Mineralien ein besonders hohes Porenvolumen; chemisch und biologisch stabil. Durch Steinwolle wird die Belüftung der Substrate gesichert.

Polystyrol, besser bekannt als Styromull/Styropor ist aufgeschäumtes Material; es besitzt ein geringes Volumengewicht und hohe Luftkapazität; chemisch neutral. Dadurch ist es als Drainage gut einsetzbar, aber auch zur Sicherung vor Verdichtung oder Vernässung der Substrate geeignet.

Wer dazu neigt zuviel zu gießen, kann seinem Substrat bis zu 50% Polystyrol beifügen!

Neben den hier genannten Zuschlagstoffen, werden laufend neue bzw. andere (wieder) eingeführt. Zur Mischung eigener Orchideensubstrate, angepaßt an das Gießverhalten des Kultivateurs und die Bedürfnisse terrestrischer und epiphytischer Orchideen, reichen die aufgeführten völlig aus.

Die für Pflanzen verfügbaren Nährstoffe dieser Zuschlagstoffe bestimmen die Grunddüngung der Orchideensubstrate. So haben Torf (auch Düngetorf enthält keine Nährstoffe!) Styropor, Blähton und Perlite nahezu keine düngende Wirkung, während Rinden, Laub und Meranti schwache Salzgehalte aufweisen.

Zur Mischung verwendet man saubere Grundstoffe, d. h. man lagert die Bestandteile geschützt vor Wildkrautsamenflug und Zersetzung. Je nach Größe der zu verpflanzenden Orchideen, werden Feinbestandteile der Zuschlagstoffe abgesiebt. Vor dem Mischen werden die Zuschlagstoffe angefeuchtet. Eine mögliche Mischung für Epiphyten und für terrestrisch wachsende Orchideen soll nachfolgend genannt werden. In leichter Abwandlung des allseits bekannten Sprichworts möchte ich Ihnen jedoch empfehlen: Bitte nicht kopieren, selber probieren!

Der Nährstoffbedarf der Orchideen ist, gemessen an anderen Pflanzen, relativ gering. Dies gilt besonders für Pflanzen die, z. B. durch Wurzelschädigung beim Umsetzen, kaum Wasser und Nährstoffe aufnehmen können. So sollte der Grunddünger 1/2 g pro Ltr. Pflanzstoff nicht überschreiten – mit Ausnahme von Kalk und Hornspänen bei Torf- und Rindensubstraten; hier empfehlen sich 3 g bzw. 2 g pro Ltr. Substrat in halbjährlichem Turnus.

Ob man organische oder anorganische Dünger einsetzt, ist von der Zusammensetzung des Substrates abhängig. Torf-, Rinden- oder Merantisubstrate, aber auch Laub und Kokos können organisch versorgt werden. Solche mit hohem Perlite-, Steinwolle-, Styropor- oder Blähtonanteil müssen mit mineralischen Düngern bedient werden. Nicht zu vergessen ist die Bereitstellung von Mikronährstoffen (GABI Mikro T oder Radigen).

Die Düngung der eingewurzelten Orchideen beschreibe ich in dem Kapitel Orchideenpflege im Jahreslauf noch genauer (s. S. 45), hier zunächst einige Faustregeln.

Viel hilft viel, ist für Orchideen in jedem Fall der falsche Weg!

Andererseits müssen alle Substrate, die sich nicht zersetzen, in jedem Fall gedüngt werden und zwar ganzjährig. Für den Anfang kann daher gelten: Jeder dritten Gießgabe wird Dünger beigegeben.

Im Frühjahr und im Sommer wird natürlich etwas häufiger, im Winter viel weniger gedüngt! Als Anfänger kann man fertige Düngermischungen einsetzen, später düngt man der Wachstumsperiode entsprechend.

Substrat-Mischung für epiphytisch wachsende Orchideen

1 Teil Buchenlaub

2 Teile Meranti

1 Teil Kokosfasern

1 Teil Rinde (Kiefern o. a.)

1 Teil Sphagnum

Dazu auf 1 Ltr./Volumen
3 g Kohlensaurer Kalk, 2 g Hornspäne oder Horngries
sowie 1/2 g eines Spurenelementedüngers.
Grunddüngung für ein halbes Jahr.

Substrat-Mischung für terrestrisch wachsende Orchideen

1 Teil Buchenlaub

1 Teil Torf (Brocken- oder Hühnerstreutorf)

1 Teil Blähton oder Lehm

1 Teil Rinde

Dazu Grunddüngung wie für Epiphyten.

Wann und wie wird verpflanzt?

Im Gefäß bzw. durch unsere Substratmischung gestalten wir die unmittelbare Umgebung der Orchidee, doch das Substrat zersetzt, verändert sich.

Vor allen Dingen verdichtet es im Laufe der Zeit: Der Sauerstoff kommt nicht mehr an die Wurzeln, die Pflanzen trocknen nie mehr richtig ab. Man kann sich das so vorstellen, daß neuer Pflanzstoff wie Kugeln beieinanderliegt, alter wie Platten aufeinander.

Natürlich muß auch dann umgesetzt werden, wenn der Jahrestrieb keinen Platz mehr im Gefäß finden würde. Dieser Punkt gilt auch für Substrate wie Styropor oder Blähton, die ja sonst strukturstabil bleiben.

Sympodial wachsende Orchideen breiten sich flächig aus, egal ob sie epiphytisch oder terrestrisch wachsen. Der älteste Teil der Pflanzen stirbt allmählich ab. Monopodial wachsende Orchideen streben immer weiter nach oben, bei ihnen stirbt der untere Teil des Stammes.

In der Natur bleiben alle Teile der Pflanze, besonders die Wurzeln, aktiv bis sie absterben, anders in Kultur: Hier wächst die Orchidee bis an den Topfrand, wir müssen verpflanzen; die Wurzeln werden dabei zwangsläufig beschädigt. Damit können die älteren Bulben (Triebe), nicht mehr versorgt werden. Der Austausch zwischen den Pflanzenteilen (Bulben) kann nur über das Rhizom erfolgen. Die Funktion der wurzellosen Bulben (Triebe) ist eingeschränkt. Sie verbrauchen mehr als sie durch Photosynthese aufbauen.

Letztendlich sind sie nur Ballast, weil die verbliebenen, besser die neuen Wurzeln sie nicht mit versorgen können.

Die einfachste Lösung wäre, die Pflanze möglichst wenig zu stören, einfach von Anfang an ein größeres Gefäß zu wählen. Doch durch den großen Vorrat an Pflanzstoff trocknet der Pflanzstoff nur schwer aus. Wird zuviel gegossen sind unangenehme Folgen unvermeidbar. Außerdem bliebe immer noch der durch Zersetzung gegebene Zwang zum Umtopfen!

Die beste Lösung besteht deshalb in der Kopie der Natur.

Das allerdings klappt natürlich nur, wenn die richtigen Kulturbedingungen geboten werden können.

Um das Verpflanzen möglichst ohne Schädigung der Orchideen durchführen zu können, muß folgendes beachtet werden: Nur zum richtigen Zeitpunkt verpflanzen! Dieser ist immer dann, wenn die Pflanzen Wachstum zeigen. Das ist an der Wurzelbildung erkennbar. Ein neuer Trieb (Bulbe), ein neues Blatt zeigen sich. Die Jahreszeit spielt keine Rolle. Natürlich ist es von Vorteil, wenn in den lichtreichen Monaten verpflanzt wird. Das Anwachsen erfolgt schneller, das Gewebe bekommt eine festere Struktur. Damit ist es weniger anfällig gegen pilzliche oder bakterielle Schädiger. Ja, sogar Läuse bevorzugen weiches Gewebe. Ist jedoch das Lichtangebot zu hoch, muß für eine Schattierung gesorgt werden. Hier hat sich Vlies bewährt, wie es in der Gemüsezucht als Frostschutz genommen wird. Kulturgefäße sind übrigens aus Ton, Kunststoff, Holz, Farnwurzeln oder Kokos. Hier ist nur der Geschmack des Kultivateurs gefragt. Kunststoffen ist „objektiv" der Vorzug zu geben. Sie bieten Pflanzenhygiene, gleichmäßiges Abtrocknen, keine Verdunstungskälte am Gefäß.

Auch der sogenannte Epiphytenstamm ist ein Kulturgefäß. Welches Material hier genommen wird, ist ebenfalls Geschmacksache. Grundsätzlich muß auf Standfestigkeit geachtet werden. Fertig bepflanzt können auch bei kleinen Pflanzen Gewichtsprobleme entstehen. Die Größe des Stammes ist abhängig vom Kulturraum. Ob „natürlichen" Stämmen von Eiche, Weinreben, Wacholder, Robinien usw. der Vorzug gegeben wird, oder ob ein Grundgerüst aus Kunststoffrohren, die mit Korkeichenrinde verkleidet werden, gewählt wird, ist unerheblich. Einmal fertig bepflanzt muß gewährleistet sein, daß für mehrere Jahre Haltbarkeit garantiert ist. Dabei ist es selbstverständlich, daß niemals Holzschutzmittel Anwendung finden. Sie würden das Anwachsen der Epiphyten verhindern. Kommt es später zu Gewichtsproblemen, darf man nicht zögern, mit der Schere für Ordnung zu sorgen. Auch Lichtmangel wird so verhindert.

Wie wird verpflanzt? – Eine praktische Anleitung in kleinen Arbeitsschritten

1. Pflanzsubstrat bereitstellen, gegebenenfalls anfeuchten und zwar ca. 24 Std. vor dem Verpflanzen.
2. Pflanzen wenn möglich drei Tage vor dem Umsetzen noch einmal mit Dünger versorgen bzw. ausreichend wässern.
3. Pflanzgefäße, Material zum Aufbinden, Korkeichenrinde, Weinreben, Hölzer von Thuya oder Wacholder bereithalten, reinigen bzw. desinfizieren (Chinosol, 1 g pro Ltr. Wasser).
4. Drainage vorbereiten: Styroporflocken, Kies oder Korkeichenstücke.
5. Pflanze vorsichtig aus dem alten Gefäß lösen, evtl. Gefäß zerstören, niemals an der Wurzel reißen.
6. Alte Pflanzstoffreste vorsichtig entfernen.
7. Wurzelschnitt: alle geschädigten, verfaulten, geknickten Wurzeln entfernen, ebenfalls alle Wurzeln, die im neuen Gefäß keinen Platz finden würden, ohne daß sie geknickt werden (solche Wurzeln faulen später an den Knickstellen ohnehin ab).
8. Pflanzschnitt: Dazu werden geschädigte Blätter und/oder Bulben, aber auch Blütenreste entfernt. Evtl. ist ein Verjüngungsschnitt erforderlich, an jeder sympodial wachsenden Pflanze sollten höchstens drei nicht bewurzelte Bulben vorhanden sein (Gelegenheit zur vegetativen Vermehrung, Teilung!).
9. Auswahl des neuen Gefäßes. Es soll für sympodial wachsende Pflanzen Platz für zwei Jahrestriebe bieten. Monopodial wachsende Orchideen in höchstens zwei Topfgrößen größere Gefäße setzen.
10. Aufbinden mit weichem Bindematerial, z. B. Nylon (Damenstrümpfe zerschneiden), Kunstbast, auch Aluminium- oder Kupferdraht. (Siehe l. o.)
11. Beim Verpflanzen in ein Gefäß, älteste Rückbulben an den Topfrand, denn der Neutrieb muß sich frei entwickeln können, bei kleineren Pflanzen, Jungpflanzen, Neutrieb in die Mitte des Gefäßes.
12. Aufbinden: Neutrieb der Unterlage zugerichtet; zukünftige Triebe müssen über mehrere Jahre Raum an der Unterlage finden.
13. Neues Substrat vorsichtig zwischen die Wurzeln legen, mit in das Gefäß, in das bis zu einem Drittel Drainage gegeben wurde, einführen. Pflanzsubstrat nachschieben, andrücken. Pflanze darf niemals wackeln. Evtl. anbinden (Hilfswurzel aus Draht, Stab oder Drahtring).
14. Aufbinden: Pflanzsubstrat vor die Wurzeln legen, Schutz vor Bindematerial. Pflanzen kraftvoll festbinden, sie dürfen nicht wackeln, dabei natürlich nicht in Wurzeln, Rhizom oder Bulben einschneiden, lieber mehr Bindematerial verwenden! (Siehe l. u.)
15. Substrat anfeuchten!
16. Standort jetzt so wählen, daß Luftfeuchtigkeit vor dem Austrocknen schützt. Da die Pflanzen über die geschädigten Wurzeln keine bzw. nur begrenzt Wasser und Nährstoffe aufnehmen können, häufig übersprühen. Auch mit Dünger! Geringe Konzentration des Düngers, aber häufige Gaben (stickstoffbetonte Dünger, mineralische oder organische)!
17. Vor direkter Sonneneinwirkung (erhöhte Transpiration!) schützen!
18. Auf Schädlinge achten! Pflanzen sind nach dem Verpflanzen besonders gefährdet!

Die Vermehrung, ein besonderes Kapitel

Die einfachste Art der Vermehrung ist die vegetative Vermehrung. Sie ist für jeden Hobbygärtner möglich. Darunter hat man vor allen Dingen die Teilung einer sympodial wachsenden Orchidee zu verstehen. Grundsätzlich sei jedoch vorweg gesagt, daβ man eine Orchidee so stark wie irgendmöglich werden lassen sollte, bevor man sie teilt. Je kräftiger eine Pflanze, desto üppiger wird ihr Blütenflor sein. Soll trotzdem geteilt werden –, vielleicht will man von dieser oder jener besonders schönen Art viele Pflanzen haben –, sollte man immer darauf achten, daβ möglichst alle Teilstücke über einen kräftigen Neutrieb verfügen. An jeder Pflanze sollen mindestens drei Bulben verbleiben.

Bei der Teilung anfallende Bulben ohne sichtbare Neutriebe, können ebenfalls als „Rückbulben" zur Vermehrung genutzt werden. Die Neutriebe (Augen) ruhen, können aber mit Wärme und Feuchtigkeit geweckt werden. Man bringt sie in eine Mischung aus Sphagnum und Styroporflocken (Verhältnis 1 : 1) ein. Die Pflanzhöhe wird so gewählt, daβ die Bulben im Gemisch eingebettet sind. Wenn sich später der neue Trieb mit eigenen Wurzeln zeigt, wird in Orchideensubstrat umgesetzt.

Manche Orchideen bilden sogenannte Kindel. Dies sind aus Nodien wachsende, neue vollständige Pflanzen (besonders häufig bei *Phalaenopsis*).

Wenn genügend Wurzeln ausgebildet wurden – ca. 3 cm lang – können diese Kindel einfach mit dem Stielstück unter- und oberhalb des Kindels abgeschnitten und eingetopft werden.

Von einigen monopodial wachsenden Orchideen kann man Stammstücke abtrennen und zum Bewurzeln anregen. Dabei ist jedoch darauf zu achten, daβ die Pflanzen nicht zu feucht gehalten werden, sie faulen rasch. Ob Teilung, Rückbulbe oder Kindel, nach dem Topfen wird, wie beim Verpflanzen beschrieben, verfahren.

Die generative Vermehrung (siehe S. 17) ist auch für den Hobbygärtner durchführbar und sicher die Krönung eines solchen Hobbys. Da sich dieser Band jedoch als praktischer Einführungsband versteht, soll hier nur auf weiterführende Informationen hingewiesen werden. Ehrenfried Lucke behandelt dieses Thema in seinem Buch „Orchideenkultur für alle" in ausgezeichneter Weise. Eine komplette Aussaatlaboreinrichtung für Hobbygärtner wird im Orchideenfachhandel angeboten.

Die „eigene" Züchtung ist damit keine Utopie. Vorausgesetzt natürlich, daβ keimfähiger Orchideensamen zur Verfügung steht.

Kindelbildung bei *Epidendrum*: So entstehen neue Pflanzen bei vielen Orchideen.

Vor- und Nachteile von Kulturräumen

Grundsätzliches über den Standort der Orchideen wurde in den einzelnen Kapiteln bereits aufgeführt, also Licht, Temperatur, Luftfeuchtigkeit usw. Wie diese Bedingungen erreicht werden, ob im Gewächshaus oder am Fenster, ist dabei unerheblich. Natürlich kann man sie im Gewächshaus leichter herstellen als am Wohnzimmerfenster. Was hier zusätzlich angegeben wird, sind Hilfsmöglichkeiten, praktische Anregungen zur Vereinfachung der Orchideenkultur. Vorausgeschickt sei, daß alle Kulturräume immer die Möglichkeit zur ausreichenden Belüftung bieten müssen, egal ob Fenster, Vitrine, Wintergarten oder Gewächshaus.

Das Blumenfenster

Zumeist wird das Fenster der erste Standort für Miniaturorchideen sein. Hier, wo auch alle anderen Zimmerpflanzen gepflegt werden, wo vielleicht sogar schon die eine oder andere „große Orchidee" steht. Ob es sich nun um ein Süd-, Nord- oder sonstiges Fenster handelt, ist in der Regel vom Zufall und der Nutzung der Räume abhängig. Mit Hilfe einfachster Technik kann aber jedes Fenster zu einem Orchideenfenster werden. So muß ein Südfenster vor Sonneneinwirkung geschützt, ein Nordfenster vielleicht mit Kunstlicht ausgerüstet werden.

Zur Verbesserung der Luftfeuchtigkeit können sogenannte Fensterschalen zum Einsatz gelangen (bei einer vorhandenen Blumenwanne wird diese entsprechend verändert). Es geht um möglichst große Verdunstungsflächen. Die Schalen aus Kunststoff oder Holz, vielleicht mit einer Teichfolie geschützt, werden mit Blähton oder Perlit gefüllt. Beide haben mehr oder weniger Kugelform; dadurch vergrößert sich die Oberfläche der Schale (rein rechnerisch) um ca. ein Drittel.

Anschließend werden die Schalen mit Wasser befüllt, immer nur soviel, daß das Wasser niemals an der Oberfläche zu sehen ist. Das Wasser wird vom Blähton oder Perlit aufgesogen, verdunstet an der „großen" Oberfläche und steht im unmittelbaren Lebensbereich der Pflanzen als Luftfeuchtigkeit zur Verfügung. Die Heizung, die ja meistens gerade unter dem Fenster angebracht ist, wird zum „Motor" dieser Verdunstungsanlage. Manchmal können auch Heizkabel oder -matten diesen Vorgang zusätzlich verbessern (vor allem in der Übergangszeit vor und nach der Heizperiode).

Orchideen leben immer in Gemeinschaft mit anderen Pflanzen, daher ist es wichtig, in jedem Kulturraum für möglichst viele Pflanzen zu sorgen.

Bevorzugt werden solche, die über viel Blattmasse und damit über eine große Verdunstungsfläche verfügen. Hier können nur wenige genannt werden, auch müssen sie zum gewählten Temperaturbereich passen. Nutzen Sie immer den gesamten zur Verfügung stehenden Raum für Begleitpflanzen und sorgen Sie für Grundbepflanzung im Kulturraum, bevor Sie Orchideen erwerben! Sind die Begleitpflanzen erst einmal da, können auch die Lichtansprüche der Orchideen durch entsprechende Standorte berücksichtigt werden.

Fast natürliche Begleiter der Orchideen sind alle Bromelien, ob Trichterbromelien wie *Vriesea, Neoregelia, Guzmania* oder atmosphärische Bromelien wie viele Tillandsien.

Ficus pumila, der Gummibaum mit kleinen, runden Blättern, den es inzwischen in vielen Variationen gibt, ist sozusagen die ideale Begleitpflanze für Orchideen. Für alle Kulturräume (Temperaturen) geeignet, ob ausgepflanzt, als rankende Pflanze am Epiphytenstamm, als Ampel oder einfach im Topf.

Gut eignen sich auch viele Efeu-Arten und Farne, aber auch blühende Pflanzen.

Wenn das Fenster zusätzlich mit einer Scheibe zum Raum hin versehen ist, sprechen wir von einem geschlossenen Blumenfenster.

Die Kultur wird erleichtert, der Einsatz der Technik erfolgreicher. Ein Luftbefeuchter, bei größeren Fenstern kann sogar eine Nebelanlage eingesetzt werden. Noch wichtiger, die Raumtemperatur muß nicht mehr die Kulturtemperatur sein. Man kann frei wählen, die Pflege von Orchideen aus allen Temperaturbereichen wird möglich. Jetzt ist auch an eine außenliegende Schattierung (Jalousie) zu denken. Der Einsatz eines Ventilators muß im geschlossenen Blumenfenster vorgesehen werden. Luftbewegung verhindert Krankheiten, vor allen Dingen aber wird die Luft durchmischt, d. h. man erreicht eine gleichmäßige CO_2-Verteilung. Im Zimmer am offenen Fenster ist dies nicht notwendig, die

Luft wird ständig zum Raum ausgetauscht. Natürlich muß daran auch bei Vitrinen, Terrarien, Gewächshäusern usw. gedacht werden.

Pflanzenvitrinen und Zimmergewächshäuser

Hier darf ich noch einmal an die Erfindung von Dr. Ward erinnern. In einem 1852 erschienenen Buch, geschrieben vom Direktor der Gewächshäuser des Museums der Naturgeschichte zu Paris, W. Neumann, heißt es hierzu: „Aber heutzutage hat die Einführung von Pflanzen aus den entferntesten Gegenden, Dank der Erfindung von Dr. Nath. Ward keine großen Schwierigkeiten mehr zu bekämpfen ... [und weiter] ... Die Erfindung besteht in der Verfertigung einer Kiste, die so eingerichtet ist, daß Pflanzen während eines gewissen Zeitraums darin vollkommen gesund erhalten werden können ... Das Museum zu Paris hat eine Menge solcher Kisten aus Calcutta, ja sogar aus Brasilien erhalten ..."

Das besondere an der Kiste war, daß sie über eine mehr oder weniger große Glasfläche verfügte, die Pflanzen also nicht wochenlang im Dunkeln zubrachten. Es entstand ein Kleinklima, unabhängig vom Laderaum des Schiffes.

Heute können größere Scheiben noch mehr Licht an die Pflanzen bringen, die Erkenntnisse des Dr. Ward sind noch gültig.

Vitrinen (Terrarien) müssen gut zugänglich sein, ausreichend Licht (evtl. Kunstlicht) bieten, in jedem Fall die Möglichkeiten zur Belüftung bieten und aus haltbaren, widerstandsfähigen Materialien gefertigt werden. (So wie die abgebildete Glasvitrine auf S. 27.)

Größenvergleich zwischen einer *Cattleya* Hybr. und einer *Schoenorchis*.

Miniaturorchideen sind die ideale Besetzung von Vitrinen, Terrarien oder Zimmergewächshäusern (manchmal tut es schon ein umfunktioniertes Aquarium, die Krönung kann ein Paludarium mit Wasserteil sein). Nutzen Sie den gesamten zur Verfügung stehenden Raum, am einfachsten wieder mit einem Epiphytenstamm.

Die richtige (ausreichende) Bepflanzung ist die beste Kulturhilfe! Eine Pflanze profitiert von der anderen. Ist der Platz dann irgendwann einmal zu knapp, lassen sich Gummibaum, Efeu oder *Selaginella* leicht zurückschneiden oder später ganz entfernen. Durch die unterschiedlichen Blattformen der Orchideen kann eine Vitrine nur mit Orchideen ebenfalls sehr reizvoll sein.

Gewächshaus und Wintergarten

Das Kleingewächshaus oder der entsprechend genutzte Wintergarten ist wohl der Wunschtraum jedes Orchideenkultivateurs. Ob er dann irgendwann einmal wirklich in Erfüllung geht, hängt von vielen Faktoren ab.

Meist erscheinen die Kosten einfach zu hoch, doch so teuer wie meist angenommen, ist ein Gewächshaus nicht. Die finanziellen Aufwendungen für einen Urlaub in den tropischen Heimatländern der Orchideen sind mit Sicherheit größer und die Freude daran vergleichsweise schnell vorbei.

Urlaub in der „tropischen Ersatz-Heimat", im Gewächshaus dauert 12 Monate im Jahr und ist immer interessant.

Allgemein gilt, sowohl für Wintergarten als auch für das Gewächshaus, daß solche Bauten schnell zu klein werden. Bei der Planung sollte man daher schon auf evtl. Erweiterungsmöglichkeiten achten.

Bleiben wir zunächst beim Gewächshaus. Freistehend bringt es optimale Lichtausbeute. Die Himmelsrichtung ist bei kleinen Häusern nicht entscheidend. Wichtiger ist die Zugänglichkeit, auch im Winter bei Schnee, bei Regen usw. wollen Sie schnell zu Ihren Pflanzen!

Kurze Wege für Strom, Wasser und Heizung sind wichtig. Achten Sie beim Preisvergleich auf den nutzbaren Rauminhalt des Hauses, weniger auf die Grundfläche. Richtig isolierte Häuser sparen Heizung. 3 mm starkes Glas kommt für ein Orchideenhaus nicht in Frage. Stellen sie fest, ob man Tische oder Regale befestigen kann, evtl. auch im Dachbereich. Besteht die Möglichkeit eine Außenschattierung anzubringen? Achten Sie auch auf die gesetzlichen Vorschriften, Bauordnung bzw. örtliche Anwendungen und dergleichen. Und vergessen Sie über den Details nicht das Wichtigste: Verfügt das Haus über ausreichende Belüftungsmöglichkeiten?

Steht Ihr Haus, können Sie es nach Herzenslust bestücken. Denken Sie aber vorher noch an die Begleitpflanzen! Versiegeln Sie vor allen Dingen den Boden nicht, ein fester Weg genügt. Den Rest bepflanzen Sie mit Efeu, Farnen usw. Auf den Tischen/Regalen kultivieren Sie vielleicht zuerst Sommerblumen oder gar Gemüse. Hauptsache der gesamte Raum wird genutzt. Natürlich können Epiphytenstämme, ein kleiner Teich, ein Wasserfall usw. das Gewächshaus in ein Tropenparadies verwandeln. Andererseits erleichtern Tische, Regale und Gitter bei epiphytischen Pflanzen die Ordnung und damit die Kontrolle. Wie man hier am besten verfährt ist eine reine Geschmackssache.

Natürliche Schattierung wird durch Kletterpflanzen erreicht (s. S. 24). Die Temperatur bestimmt auch im Gewächshaus die Auswahl der Pflanzen, die gepflegt werden. Der Anschluß an eine vorhandene Warmwasserheizung (im Wohnhaus) ist die kostengünstigste Beheizung (ob Rohre, Konvektoren, Fußbodenheizung oder eine Kombination aus diesen Möglichkeiten, für Sie günstig sind, besprechen Sie am besten mit einem Heizungsfachmann).

Der Wintergarten am Haus macht sicher keine Probleme bei der Beheizung. Günstige „Gewächshausbedingungen" erreicht man aber nur bei einer Trennung zwischen Wohn- und (Winter-)Tropengartenbereich.

Dendrobium parishii, fast schon zu groß für eine Miniaturorchidee, aber pflegeleicht im temperierten Bereich.

Wie und wann kann man kranken Orchideen helfen?

Unsere Orchideen kommen aus den unterschiedlichsten Lebensgemeinschaften. Ihr natürlicher Platz in der Umwelt hat die Abwehrmechanismen für diesen Standort geprägt. Nicht immer können sie als Sieger ohne „Blessuren" davon kommen, aber letztlich bleibt die Art erhalten. Bei Importpflanzen sehen wir diese Blessuren. Keine Pflanze ist makellos, nur Gärtner haben die Vorstellung es müßte so sein.

Die Kultur der Orchideen im Zimmer, aber auch im Gewächshaus oder Wintergarten erhöht das Krankheitsrisiko erheblich. Wir können die natürliche Umwelt nicht ersetzen, schon gar nicht bei der Vielfalt der Ansprüche der verschiedenen Pflanzen, die wir in einem Kulturraum pflegen. Doch vorbeugen und helfen können wir immerhin!

Mangel an Licht, Luft oder Feuchtigkeit, oder aber das Überangebot dieser Faktoren kann Ursache für erhöhte Anfälligkeit sein. Nährstoffüberfluß, falscher pH-Wert und vieles andere mehr. Bei den Orchideen kommen alle Krankheiten und Schädlinge vor, die auch bei anderen Zimmerpflanzen auftreten. Und genau so gefährlich, häufig und problematisch sind sie auch.

Als Beispiel für die Problematik „Schadbild und Ursache" sei hier Chlorose (Gelbsucht) genannt. Man erkennt mehr oder weniger helle, manchmal eben gelbe Blattgrün-Zerstörungen. Ursache kann z. B. Staunässe, Eisenmangel, Wurzelfäule, zu hoher pH-Wert, Saugstellen von Blattläusen u. v. a. sein. Wenden Sie sich, solange Sie über wenig Erfahrung verfügen, an einen Gärtner oder Pflanzenschutzfachmann. Vermeiden Sie auf jeden Fall hochgiftige Substanzen im Wohnbereich und versuchen Sie immer zuerst biologische Mittel!

Der vorbeugende Einsatz von Kräuterbrühen und Aufgüssen empfiehlt sich z. B. im Hinblick auf pilzliche Erkrankungen, Läuse oder Weiße Fliege.

Diese sanfte Methode praktiziere ich seit vielen Jahren mit großem Erfolg. Rezepte finden sich in vielen Veröffentlichungen, hier soll nur eine genannt werden und zwar diejenige, deren Qualität ich gut genug kenne, um sie vorbehaltlos zu empfehlen:

„Pflanzensaft gibt Pflanzen Kraft. Pflanzliche Gieß- und Spritzmittel." (Herausgeber Abtei Fulda, Postfach 126, Fulda.)

Viruskrankheiten

Viele Formen sind bekannt. Es kommt zu Verformungen/Verfärbungen der Blätter und Blüten. Manchmal zeigen sich bei *Phalaenopsis* eingesunkene schwarze Flecken in den meist jungen Blättern. Übertragen werden die Viren durch Blattläuse, Weiße Fliegen und Schnecken. Sicheres Erkennen nur durch aufwendige Untersuchungen möglich. Meist vom Hobbygärtner nicht zu erkennen. Vermeidung durch Hygiene bei Werkzeug und Gefäßen möglich!

Bakterien

Typische Symptome sind glasige, feuchte, schleimige Stellen an Blättern, Stengeln oder Blüten. Die Verbreitung erfolgt durch Wasser, das Eindringen durch Spaltöffnungen und Wunden im Gewebe. Mit „Hausmitteln" kann kaum geholfen werden. Information durch Pflanzenschutzämter. Vorbeugend tätig werden.

Pilze

Pilze sind in Gewächshäusern oder vergleichbaren Kulturflächen mit Wärme und Feuchtigkeit unvermeidbar. Erst ihr Auftreten in (meist in der lichtarmen Zeit) größerer Dichte macht sie uns als Schädiger erkennbar.

Weich-, Schwarz-, Herz- und Wurzelfäule haben unterschiedliche Pilzgruppen als Ursache. Ursachenerkennung nur durch Fachleute, z. B. Mitarbeiter von Pflanzenschutzämtern.

Eine vorbeugende Desinfektion, z. B. mit Chinosol, ist möglich. Bei Befall bzw. Verdacht auf Befall zugelassene Mittel bei den Pflanzenschutzämtern erfragen.

Nicht unerwähnt bleiben soll der Grauschimmel *Botrytis cinerea*, der bei zu hoher Luftfeuchtigkeit leicht auftritt. Blüten werden durch unregelmäßige bräunliche oder schwarze Flecken befallen. Abwendung durch Luftbewegung und

Frischluft, auch im Winter und evtl. Anheben der Temperatur über einen begrenzten Zeitraum (tritt häufig im Frühjahr oder Herbst auf, wenn noch nicht durchgängig geheizt wird).

Tierische Schädlinge

Hier erkennt meist auch der Laie, daß ein Befall vorliegt. Ausnahmen: Nematoden, Thripse, Wurzel- und Spinnmilben.

Fraßstellen oder die Tiere selbst sind zu beobachten. Bedenken Sie bitte immer, daß die Fraßstelle wiederum den bakteriellen und pilzlichen Erregern den Zugang zu den Pflanzen ermöglicht.

Mittel zur Bekämpfung tierischer Schädlinge möchte ich nicht nennen, da die Zulassungen durch die Biologische Bundesanstalt für Land- und Forstwirtschaft sich in der letzten Zeit in rascher Abfolge geändert haben und ändern. Informieren Sie sich bei Ihrem zuständigen Pflanzenschutzamt bzw. im Fachhandel. Verwenden Sie biologische Präparate!

Wurzelmilben: sind etwa 0,75 bis 1 mm lange, glänzend weißliche, birnenförmige Insekten. Befallen werden in erster Linie schon kranke Gewebeteile. Fraßgänge sind aber auch in gesunden Wurzelteilen zu finden. Leider werden sie in *Sphagnum-* und Torfsubstraten besonders häufig gefunden. Biologische Bekämpfung nicht möglich.

Springschwänze: sind ca. 2 mm große weiße Tiere, durch eine Gabel am Hinterleib bewegen sie sich sprunghaft vorwärts. Gut beim Gießen zu beobachten. Sie sind erst in großen Stückzahlen als Schädling anzusehen. Vorwiegend ernähren sie sich von verrottendem Pflanzstoff. Bekämpfung durch Fettsäure-Präparate (Kaliseife). Man kann auch einfach die Töpfe ca. 5 Minuten unter Wasser tauchen und die Tiere mit dem Wasser abgießen.

Tausendfüßer: leben überwiegend von zersetztem Pflanzsubstrat, anders als die ihnen verwandten Zwergfüßer, die auch schon einmal Wurzelspitzen befallen. Sie sind nur 0,6 mm lang, weiß, erkennbar an ihren 12 Beinpaaren. Biologische Bekämpfung nur durch Trockenhaltung des Pflanzstoffs möglich.

Trauermücken: 2 bis 3 mm langes schwarzes Insekt, auch als Moosfliege bekannt. Häufig wird sie mit dem Moos eingeschleppt. Schäden werden durch die Larven verursacht, diese sind ca. 6 mm lang, glasig weiß mit schwarzem Kopf. Sie fressen Wurzeln und Pflanzstoffteile. Bekämpfung der fliegenden Insekten durch Gelbtafeln, aber auch durch Fettkraut und Einsatz von Pyrethrum-Staub.

Asseln: sind erst in großen Stückzahlen gefährlich, dann, wenn ihnen das Nahrungsangebot abgestorbener Pflanzenteile nicht mehr ausreicht, und sie sich an den Wurzeln vergreifen. Sie lassen sich unter feuchten Brettstücken, Apfelscheiben usw. leicht aufspüren und wegfangen.

Schnecken: können einen Orchideengärtner in Wut versetzen und jede „chemische Keule" annehmbar erscheinen lassen. Ihre Schleimspur, die Fraß- und Kotstellen, aber auch die Tiere selbst sind nachts mit der Taschenlampe leicht aufzuspüren. Geduld erforderlich! Wertvolle Blüten/Knospen, am Stiel mit Watte oder Vlies umwickeln, die Umgebung mit Steinmehl einpudern. Kartoffelschalen- sowie Bier- und Buttermilchfallen einsetzbar. Erfolg unterschiedlich!

Weichhautmilben: sehr kleine, 0,2 mm große weißlich bis farblose Milben, erkennbar sind sie erst an den Verbräunungen, Verkrüppelungen der Stengel und Blüten. Eine biologische Bekämpfung ist bisher nicht möglich.

Blatt- und Stengelälchen: auch hier werden erst die Folgen, braune Streifen, abgestorbene Blattstiele und Blätter durch verstopfte Leitungsbahnen, auf die nur 0,5 bis 1,2 mm großen Fadenwürmer aufmerksam machen. Den Befall erkennt man, wenn man zerschnittene Blätter in lauwarmes Wassser legt. Schon nach wenigen Minuten sind die Älchen im Wasser sichtbar. Bekämpfung biologisch zur Zeit nicht möglich.

Spinnmilben: sind gleich in mehreren Vertretern bei den Orchideen zu finden, am bekanntesten die gemeine Spinnmilbe, auch „Rote Spinne" genannt. Größe nur 0,5 mm, je nach Nahrungsaufnahme aus der geschädigten Zelle weißliche, gelbe oder rote Insekten. Die typischen Gespinnste werden meist an der Blattunterseite gebildet. Sichtbar sind die durch die Saugtätigkeit hervorgerufenen weißen Sprenkelungen. Werden immer größere Gewebeteile erfaßt, stirbt das Gewebe schließlich ganz ab.

Fettsäure-Präparate helfen manchmal, der Einsatz von Raubmilben ist im Zimmer und im Gewächshaus mit Erfolg möglich. Vorbeugend wirkt hier hohe Luftfeuchtigkeit.

Thripse: werden auch als Blasenfüße bezeichnet; sind nur schwer erkennbar. Höchstens 1 mm groß, gelblich, ungeflügelt oder schwarz-

Schildläuse können nur zur Plage werden, wenn man nicht sofort etwas gegen sie unternimmt.

Wolläuse werden leicht übersehen, ihre „wollige" Tarnung ist perfekt.

braun mit gefransten Flügeln. Sie saugen den Zellsaft aus dem Pflanzengewebe, leere Zellen sind zunächst als weiß-graue Sprenkel, später als silbrige Flächen auszumachen.

Dem Massebefall ist mit Blautafeln vorzubeugen. Bei Verdacht des Befalls unbedingt Fachleute befragen.

Blattläuse: können in verschiedenen Varianten auftreten, ihre Färbung richtet sich nach der Nahrungsaufnahme. Auch sie saugen das Gewebe an, dadurch kommt es zu Verformungen der Blätter und Blüten. Ausscheidungen, der sogenannte Honigtau, machen sie erkennbar. Im Honigtau wiederum siedeln Rußtaupilze. Ameisen „melken" die Läuse und sorgen für ihre Verbreitung.

Ihre Bekämpfung ist relativ einfach, ist der Schaden erst einmal erkannt. Wasser zum Abspülen, Fettsäure- und Pyrethrum-Präparate. Gelbtafeln und der Einsatz von Nützlingen. Wichtigster Hinweis: Immer sofort bekämpfen, denn enorme Zuwachsraten sorgen schnell für Massenbefall!

Schildläuse: sind runde oder längliche Insekten von unterschiedlicher Farbe, braun, weiß und gelb. Napf- und Deckenschildläuse befallen neben anderen Zimmerpflanzen viele Orchideen. Auch ihre Ausscheidungen sind gut zu erkennen und werden von Rußtaupilzen besiedelt. Die Bekämpfung kann durch mechanische Beschädigung der Läuse erfolgen (Zahnbürste, Holzstab). Bei hartlaubigen Orchideen kann man Schildläuse auch mit Weißölen behandeln. Seifenlösungen (Schmierseife)!

Wolläuse: sind durch „Watte-Ausscheidungen" in der Lage ihre Larven zu schützen. Sie nisten sich in den Blattachseln, an der Unterseite der Blätter ein. Durch ihre Saugtätigkeit schädigen sie die Pflanzen, wie alle übrigen Läuse.

Bekämpfung mit Weißölen, Schmierseife, vor allen Dingen aber mit sofortigem mechanischen Entfernen. Einsatz von australischen Marienkäfern. Wärme und Lufttrockenheit begünstigt ihre Entwicklung.

Weiße Fliegen: sind auch als Mottenschildläuse bekannt: 2 mm große, weiß bemehlte Insekten. Sie fliegen auf, wenn eine Pflanze bewegt, geschüttelt wird.

Absonderungen von klebrigem Kot, Ansiedelung von Rußtau. Bekämpfung mit Gelbtafeln, Einsatz von Schlupfwespen, Fett- und Pyrethrum-Präparaten.

Das praktische Beispiel: eine Orchidee im Jahreslauf

Beobachten wir eine Orchidee über das Jahr von Januar bis Dezember, so werden wir schon bald merken, daß das „Orchideenjahr" einen anderen Rhythmus zeigt. IHR Frühjahr beginnt mit der Wurzelbildung. Das muß keinesfalls mit dem kalendarischen Frühjahr übereinstimmen. (Manchmal richten sich die Pflanzen auch nach den abweichenden Jahreszeiten der Tropen.)

Für unser Beispiel machen wir es uns einfach: die Wurzel- und Triebbildung setzt im März ein. So findet unsere Orchidee optimale Lichtverhältnisse für ihre Entwicklung. Zuerst erkennen wir die Bildung neuer Luftwurzeln, später dann ist der neue Trieb sichtbar. Die alten Blätter, Bulben sind dunkelgrün, die Kutikula hat den Glanz verloren. Anders der neue Trieb, er zeigt eine frischhellgrüne Farbe; die Kutikula glänzt (Wachsbildung).

Ging der Triebbildung eine Ruhepause voraus, ist diese nun beendet.

Jetzt ist der Zeitpunkt, den Zustand des Substrates zu beurteilen. Wie weit ist es verdichtet, verhindern Moos- und Algenbildung die Luftzufuhr an den Wurzeln? Hat der neue Trieb noch ausreichend Platz im Gefäß? Bei aufgebundenen Orchideen überprüfen wir die Unterlage.

Sollte ein Verpflanzen nötig werden, ist jetzt der richtige Zeitpunkt dafür (s. S. 37). Je nach Lichtbedürfnis der Orchideen, benötigen wir ab Ende März eine Schattierung. Ein Warnsignal hierfür ist die Rotfärbung der neuen Blätter.

Die Temperatur kann nun (siehe Tabelle S. 26) auch bei Orchideen des kalten Bereichs ansteigen. Unvermeidbar an sonnigen Tagen! Frisch verpflanzte Orchideen müssen bei höheren Temperaturen schon mehrfach am Tag übersprüht werden. Dabei kann ein über das Blatt wirksamer stickstoffbetonter Dünger eingesetzt werden. Alle anderen Orchideen bekommen, wie immer, nur bei jeder dritten Gießgabe eine Düngerzugabe. Auch hier kann jetzt Stickstoff anteilmäßig die größte Rolle spielen. Zusätzlich empfiehlt bei allen nicht verpflanzten Orchideen sich die Anwendung eines reinen Eisendüngers und eines Mikronährstoffdüngers (GABI Mikro Fe bzw. Mikro T, Anwendung nach Herstellerangaben).

Bei der nun raschen Entwicklung der Triebe, muß laufend kontrolliert werden. Ein kontinuierlicher Zuwachs ist sicher zu stellen. Bemerkt man zum Beispiel, daß Wurzelspitzen faulen, ja sogar daß sichtbare Veränderungen im Trieb (Ziehharmonika-Effekt!) auftreten, ist dies eine deutliche Warnung. Zuerst sollte man überprüfen, ob nicht zuviel gegossen wurde! Das ist die häufigste Ursache, zu erkennen an der Verschlämmung des Pflanzstoffes, am Auftreten von Blaualgen. Dann austopfen; jetzt zeigt sich deutlich ob die Wurzeln schon abgestorben sind. Wenn sich die Wurzelschädigung nur außerhalb des Substrats zeigt, ist mit einer Versalzung der Oberfläche zu rechnen (bei allen Überlegungen lassen wir jetzt einmal pilzliche, bakterielle und tierische Schädlinge unberücksichtigt!).

Zeigen sich die Wurzeln in gutem Zustand, suchen wir die Ursache in den Wachstumsfaktoren Temperatur und Licht. Manchmal gibt es auch mehrere Ursachen für Schadbilder. Hier kann nur Erfahrung helfen.

Im April können schon relativ hohe Tagestemperaturen erreicht werden, alle Kulturräume müssen über ausreichende Belüftungsmöglichkeiten verfügen. Schattierung oder der Einsatz von automatischen

Cattleya luteola. Hybr., siehe S. 56. Die Herkunft wird hier nicht verleugnet.

Nebelsprühanlage bei tropischen Pflanzen.

Nebelanlagen sind jetzt für alle Orchideen erforderlich. Bei unserer (Muster-)Orchidee können wir jetzt Bulb und Blätter im Trieb unterscheiden. Bei monopodial wachsenden Orchideen hat das Blatt schon ein Drittel seiner Entwicklung erreicht (= Ende April).

Der Mai verbessert das Lichtangebot nochmals, Gewächshaus- und Wintergartenbesitzer erleben Temperaturen um 35 °C und mehr. Die Pflanzen nehmen trotzdem keinen Schaden, wenn die Luftfeuchtigkeit deutlich über den außen erreichten Werten liegt. Es ist daher falsch alle Lüftungsmöglichkeiten (Tür) einzusetzen, lieber befeuchten Sie Wege und Stellflächen, nicht die Orchideen! Liegt die Luftfeuchtigkeit zu niedrig, verschließen die Orchideen die Spaltöffnungen der Blätter. Damit wird die Transpiration unterbunden, Photosynthese findet nicht mehr statt.

Die Düngung wird bis zum Juni stickstoffbetont fortgesetzt. Der Einsatz von Algen-, Schachtelhalm- und Kräuterpräparaten beim Übersprühen der Pflanzen verbessert die Wachstumsbedingungen und dient der Vorbeugung gegen pilzliche und bakterielle Schädigungen. Er kann jetzt täglich erfolgen (selbstgefertigte organische Dünger, von Taube, Huhn oder Kaninchen, Brennessel-, Comfrey- oder Rainfarnaufgüsse ersetzen handelsübliche mineralische Dünger perfekt, wenn man ihre Anwendung richtig dosiert).

Wann sich bei unserer Orchidee die Blüte bzw. Knospe zeigt, ist von der jeweiligen Art abhängig (Orchideen können vor, mit und aus dem Trieb heraus blühen).

Ab Juli ändern wir den Dünger auf Phosphor/Kali, z. B. GABI Blütendünger. Unsere Hauptaufgabe ist es immer noch, Luftfeuchtigkeit und Feuchtigkeit nicht zu verwechseln und für ausreichende Frischluft zu sorgen, auch nachts! In jedem Fall ist Zugluft zu vermeiden! Der Bulb bzw. das Blatt ist jetzt zu zwei Drittel ausgebildet. Langsam verliert sich das frische Grün.

Ende August beenden wir die Düngung mit Phosphor und Kali allmählich. Ab September wird nur noch ein schwacher Volldünger bei jeder dritten Gießgabe gegeben (bei Substraten, die sich zersetzen, also Nährstoffe freigeben, wird im Oktober ganz aufgehört). Fertige Orchideendünger und Zimmerpflanzendünger sollte man in der Anwendung um die Hälfte der Herstellerangaben reduzieren.

Im September können wir auch die Schattierungen entfernen.

Unsere Orchidee hat jetzt dunkelgrüne Blätter und deutlich größere Bulben/Blätter als am Vortrieb. Gießen wird, je nach Temperatur, nur noch ein- bis vierwöchentlich notwendig. Es beginnt die Ruhezeit. Die Temperatur kann oder muß um 2 bis 10 °C gesenkt werden, je nach Pflanzenherkunft. Das Ende der Ruhezeit ist erreicht, wenn wir deutlich sichtbar neue Wurzelbildung bemerken!

Meist entwickelt sich dann auch der Neutrieb, sichtbar an anschwellenden Knospen (bei Bulbenorchideen) oder am Herzblatt aus der Mitte des Triebes.

Miniaturorchideen von A–Z

Ausgerechnet die Art, die Sie interessiert, ist nicht dabei? Schade, daß Sie das feststellen müssen! Die Auswahl der hier genannten Arten ist jedoch selbstverständlich subjektiv – und muß es, angesichts der Unmöglichkeit einer vollständigen Darstellung, auch sein! Beschrieben habe ich einfach Arten, die ich irgendwann einmal selbst mit Erfolg kultiviert habe oder noch kultiviere. Weiter war wichtig, daß die Gattungen bzw. Arten im Handel, zumindest zeitweise, auftauchen und nicht zuletzt, ob sie als Nachzuchten, Sämlinge in hiesigen Gärtnereien angeboten werden. Durch diese Auswahlkriterien ist es zumindest wahrscheinlich, daß Sie die meisten Arten, die Sie interessieren, hier finden werden – wenn Sie sie auf legalem Wege erworben haben.

Daß alle Orchideen geschützt sind, werden Sie wissen. Das Gesetz zum Washingtoner Artenschutzabkommen regelt die internationalen Schutzmaßnahmen durch einheitliche Aus- und Einfuhrbestimmungen bzw. unterbindet den Handel mit den geschützten (extra aufgeführten) Arten.

Deshalb beginnt die Orchideenkultur heute bereits beim Erwerb der Orchideen. Man sollte nur „künstlich" vermehrte und/oder ordnungsgemäß importierte Pflanzen kaufen. Diese müssen nicht etwa aus heimischen Gärtnereien kommen, sondern können, sollen aus Gärtnereien im Ursprungsland der Pflanzen stammen. Dort ist ihre Produktion auch preiswerter, weil keine Energiekosten entstehen. Außerdem können in den Orchideengärtnereien bei vielen Pflanzen durch Teilung der Mutterpflanzen Teilpflanzen gewonnen werden. Von den Samen – und der Meristemvermehrung ganz zu schweigen.

Die Mitnahme von Orchideen auf Urlaubsreisen ist ebenfalls möglich, allerdings nur, wenn die Vorschriften beachtet werden. Dazu wende man sich an das Bundesamt für Ernährung und Forstwirtschaft, Referat 27, Adickesallee 40 in Frankfurt/M. Diese Stelle ist auch zuständig, wenn man Pflanzen aus dem Ausland einführen will. Alle im folgenden behandelten Arten sind jedoch – zumindest zeitweise – hier bei uns erhältlich.

Es werden mit einigen Ausnahmen nur einzelne Arten genannt. Bei vielen Gattungen bleiben somit die bekannteren, weil „großen" Arten unerwähnt.

Aerangis citrata, typische Blütenform für Orchideen von Madagaskar.

Aerangis biloba Schltr.

Merkmale: Monopodialer Wuchs; Blätter länglich bis 15 cm; Stamm kurz; Blütentrauben mit bis zu 12 Blüten, Rispen bis 25 cm lang, Einzelblüte bis 4 cm, weiß, Lippe breiter, ebenfalls weiß, Sporn bräunlich ca. 4 cm lang; mehrere Rispen möglich.
Heimat: Tropisches Westafrika
Blütezeit: Sommer/Herbst
Kultur: Temp., warm, aber immer schattig! Pflanzen können aufgebunden oder im Gefäß kultiviert werden. Beim Aufbinden wenig Pflanzstoff verwenden, die Pflanzen sollen gut abtrocknen können. Eignen sich für Terrarien, Vitrinen usw. Die Blüten sind traumhaft schön.

Aerangis citrata Schltr.

Merkmale: Monopodialer Wuchs; Blätter bis 12 cm lang, 2 cm breit; Stamm kurz bis 6 cm; Wurzeln eher dünn; Blüten als Traube, dicht vielblütig, bis 20 cm lang, Einzelblüten gelblich bis weiß, ca. 2 cm Durchmesser, Sporn ebenfalls ca. 2 cm.
Heimat: Madagaskar
Blütezeit: Herbst/Winter
Kultur: Temp., warm, halbschattig, Pflanzen können aufgebunden werden, wenn ein Kulturplatz mit hoher Luftfeuchtigkeit angeboten werden kann. Sonst besser im kleinen Topf kultivieren. Im Alter entwickeln die Pflanzen Kindel (Adventivpflanzen), die sich gut zur Vermehrung eignen. Die Pflanzen wachsen leicht, die Blüte erinnert an eine Mini-*Phalae-*

Aerangis pumilio

nopsis-Rispe. Sehr schön! In der Blüte ziehen die Pflanzen leicht Schnecken an: durch Wattebausch schützen. Terrarien und Vitrinen mit genügend Licht als Kulturraum möglich.

Aerangis fastuosa Schltr.

Merkmale: Kleine Pflanze mit ledrigen Blättern; bis 8 cm lang und ca. 3 cm breit; kurzer Stamm; Blütenstand 1 bis 3blütig, Einzelblüte ca. 5 cm Durchmesser, porzellanweiß, feste Substanz, Sporn ca. 8 cm, grüne Spitze.
Heimat: Madagaskar
Blütezeit: Frühjahr/Sommer
Kultur: Temp., warm, halbschattig bis hell, Pflanzen können aufgebunden und im kleinen Topf kultiviert werden. Aufgebundene Exemplare in der Wachstumszeit feucht und warm kultivieren; im Topf vorsichtig gießen! Sehr schön ist das strahlende Weiß im Kontrast zu den dunkelgrünen Blättern dieser Pflanzen.

Aerangis luteo-alba Schltr.

Siehe Bild S. 4/5
Merkmale: Weit häufiger beschrieben als *Aerangis rhodosticta* (Krzl) Schltr. Doch wie sie auch immer richtig heißen mag, dies ist „die Miniaturorchidee".

Bis vor wenigen Jahren selten, teuer und scheinbar schwierig in der Kultur. Heute vielfach als Sämlinge angeboten und bei Beachtung einiger Hinweise leicht zu pflegen. Stammloser Epiphyt, Blätter bis ca. 10 cm lang, ca. 1 cm breit, immer zwei in einer Ebene, bis zu 6 Paaren; Blütenrispen seitlich abstehend, meist 2 Rispen, aber auch mehr, bis 20 cm lang, ca. 20 Einzelblüten, Durchmesser ca. 3,5 cm, Farbe weiß, creme oder gelblich, Säule orange bis scharlachrot, Sporn eher dünn, bis 3 cm.
Heimat: Kamerun, Zaire, Uganda, Somalia, Kenia
Blütezeit: Herbst/Winter
Kultur: Temp., warm, hell, trotzdem vor zuviel Licht schützen; aufgebunden mit wenig Pflanzstoff oder im sehr kleinen Gefäß. Luftfeuchtigkeit möglichst hoch, aber die Pflanzen sollen immer wieder einmal trocken werden. Meist entwickeln sich in einer Vegetationszeit zwei Blätter. Das Wachstum wird durch neue, frischgrüne relativ flache dicke Wurzeln angezeigt. Auch die Blattentwicklung verläuft zügig. Es darf kräftig gedüngt werden. Ende Juli bilden sich dann meist die Knospen. Vorsicht! Jetzt darf kein Wasser in den Blattachseln stehen bleiben, die Rispen faulen schnell! In der Blütezeit auf Schnecken achten, nach der Blüte weniger Wasser, wenig oder gar keine Düngung. Schließlich nach dem vollständigen Ausreifen der Blätter (dunkelgrün) Ruhezeit einhalten bis zur Bildung der neuen Wurzeln. Trotzdem hohe Luftfeuchtigkeit.

Aerangis pumilio Schltr.

Merkmale: Klein ist an dieser Pflanze eigentlich alles; fast stammlos; 7 bis 10 Blätter, die ca. 8 cm lang und 1 cm breit sind; seitlich erscheinen die Blütenrispen, mindestens zwei, meistens mehr; Rispen bis 8 cm lang, besetzt mit bis zu 20 Einzelblüten, die ca. 0,5 cm im Durchmesser sind, weiß gefärbt, mit einem ca. 8 mm langen Sporn.
Heimat: Madagaskar
Blütezeit: Winter
Kultur: Warm, temp., eher halbschattig; aufgebunden oder in einem sehr kleinen Topf. Unproblematisch im Wachstum, eine echte Miniaturorchidee!

Aerangis ugandensis Summerh.

Merkmale: Eigentlich könnte man die Beschreibung der vorgenannten wiederholen, bis auf die sichelförmigen Blätter, die eher etwas länger sind; an der Oberseite sind Blattadern dunkel abgesetzt; sternförmige Blüten, in der Rispe lockerer aufgebaut (bis 12 Blüten), Farbe cremegelb oder weißlich, Einzelblüten ca. 2 cm im Durchmesser, Sporn ca. 2 cm lang.
Heimat: Uganda, Kenia
Blütezeit: Herbst
Kultur: Warm, temp. Auch bei dieser Art eher ausgeprägte Ruhephase, sonst wie *Aerangis pumilio.* Kultur aufgebunden und im kleinen Gefäß möglich. Wenig bzw. durchlässiges Pflanzmaterial. Manchmal treten Schildläuse auf.

Alamania punicea La Llave et Lexarza

Merkmale: Einzige Art der Gattung, gilt allgemein als schwierig in der Pflege; kleiner Epiphyt mit kriechendem Rhizom; Bulben nur ca. 8 mm lang, jeweils meist zwei Blätter, ca. 2 cm lang; Blüten erinnern an *Sophronites,* meist 2–3 Blüten aus dem Rhizom, rot oder orange gefärbt, ca. 1 cm Durchmesser, gelbe Säule.
Heimat: Mexiko (auf Eichenbäumen)
Blütezeit: Sommer
Kultur: Temp., im Winter kälter, halbschattig mit hoher Luftfeuchtigkeit auch in der Ruhezeit. Die Kultur im Gefäß ist günstiger, da so die Pflanzen in der Vegetationsperiode niemals austrocknen.

Amesiella philippinensis (Ames) Garay

Merkmale: Kleiner Epiphyt mit nur 6 cm Höhe; bis vor einigen Jahren noch als *Angraecum phillipinense* bekannt; Blätter fleischig bis ca. 5 cm lang; äußerlich erinnern die Pflanzen an *Phalaenopsis*-Jungpflanzen; Blüte sternförmig, ca. 5 cm im Durchmesser, mit einem Sporn, etwa 5 cm lang; häufig zwei oder drei Blüten an einer Rispe, Blüten reinweiß.
Heimat: Philippinen
Blütezeit: Sommer
Kultur: Warm, schattig, hohe Luftfeuchtigkeit, Kultur aufgebunden oder im kleinen Gefäß möglich. Recht unproblematisch zu kultivieren, wenn man die Pflanzen nicht zu naß werden läßt. Die Ruhezeit ist nicht ausgeprägt. Gut für Terrarien und Vitrinen. Blüten erinnern wirklich an die „großen" *Angraecum*-Arten von Madagaskar.

Angraecum distichum Lindl.

Merkmale: Stämme bis 15 cm, sehr reich beblättert, Blätter nur 1 cm lang, immer zweizeilig; Epiphyt; Blüten immer einzeln aus den Blattachseln, Farbe weiß, Durchmesser ca. 1 cm, Sporn ca. 1 cm; interessanter Habitus.
Heimat: Guinea, Sierra Leone und Uganda
Blütezeit: Sommer
Kultur: Warm, temp., schattig bis hell, hohe Luftfeuchtigkeit, aufgebunden kultivieren. Für das Terrarium oder Vitrine sehr dekorativ. Blüten erst an relativ großen Exemplaren. Sieht einem Farn nicht unähnlich, für Orchideen jedenfalls untypisch.

Amesiella philippinense,
die einzige Art der Gattung

Angraecum rutenbergianum Kranzel.

Merkmale: Relativ kleine Pflanze; Stamm höchstens 10 cm bei sehr alten Exemplaren; Blätter ledrig, gräulich bis grün, ca. 5 cm lang und nur 7 mm breit; Epiphyt an Bäumen, aber auch als Lithophyt; Blüten weiß, immer einblütig, Durchmesser ca. 5 cm, der Sporn sogar ca. 12 cm lang.
Heimat: Madagaskar
Blütezeit: Variabel Frühjahr/Sommer/Herbst
Kultur: Kalt, temp., aufgebunden und in kleinen Gefäßen; hohe Luftfeuchtigkeit in der Vegetationsperiode. Sehr heller Standort erwünscht. Ruhephase unbedingt einhalten: Frischluft und dann niedrige Luftfeuchtigkeit. Blühdauer leider nur ca. 10 Tage, aber die Schönheit entschädigt dafür.

Angraecum scottianum Rchb.f.

Merkmale: Fast runde, 6 bis 10 cm lange Blätter, etwa 6–8 an bis 20 cm langem Stamm; Epiphyt an der Rinde hoher Bäume; Blütenstand einblütig, ca. 5 cm Durchmesser, weiß, Sporn bis 10 cm lang.
Heimat: Komoreninseln nordwestlich von Madagaskar
Blütezeit: Sommer
Kultur: Temp., aufgebunden oder im Gefäß; häufige Wassergaben, besonders in der Vegetationszeit, sind erwünscht. Bei Kultur im Gefäß daher unbedingt für gute Drainage sorgen. Die Pflanzen vertragen viel Licht. Im Terrarium an der hellsten Stelle.

Ascocentrum ampullaceum (Lindl.) Schltr.

Merkmale: Monopodialer Wuchs, Stämme bis 20 cm, werden im Alter länger, dann sterben die unteren Blätter ab, die verholzten Stämme bleiben lange erhalten; Blätter bis ca. 14 cm lang, sehr dick, fast sukkulent. Aus den Stämmen bilden sich Adventivpflanzen, so entstehen ganze Kolonien. Blüten aus der Blattachsel, sehr vielblütig, aber meist kürzer als die Blätter; Einzelblüten bis ca. 2 cm breit, kleiner Sporn bis 0,7 cm, je nach Herkunft rosaraot oder orangerot.
Heimat: Nepal, Thailand, China
Blütezeit: Sommer
Kultur: Temp., warm, vor allen Dingen relativ hell; aufgebunden oder in flachen Schalen leicht zu kultivieren. Pflanzen haben kaum eine Ruhezeit. Verlangen immer hohe Luftfeuchtigkeit. In Terrarien und Vitrinen an der hellsten Stelle kultivieren.

Ascocentrum miniatum (Lindl.) Schltr.

Merkmale: Wie vorgenannte Arten, Stamm jedoch kleiner, Blätter enger, zweizeilig am Stamm, bis 20 cm lang, ebenfalls dickfleischig; Blütentrauben aus der Blattachsel, aufrecht, vielblütig, die Blätter überragend; Einzelblüte ca. 1,8 cm breit, kleiner Sporn bis 0,9 cm, orange bis orangerot.
Heimat: Indien, Thailand, Java und Philippinen
Blütezeit: Sommer
Kultur: Warm, temp., am hellsten Platz. Wenn ausreichende Luftfeuchtigkeit geboten werden kann, aufbinden, sonst kleine, flache Schalen

Ascocentrum miniatum; links Blütenstand ca. natürliche Größe; rechts Einzelblüte ca. 5fach vergrößert.

Barbosella australis

benutzen. Luftwurzeln sind immer am Leben zu erhalten, also möglichst nicht einkürzen bei Verpflanzarbeiten oder beim Aufbinden. Zuviel Feuchtigkeit, also Staunässe, wirkt sich sehr schnell verhängnisvoll aus: die Pflanzen faulen über Nacht!

Ascocentrum pumilum Schltr.

Merkmale: Kleinster Vertreter der Gattung; Stamm höchstens 6 cm; Blätter ca. 5 bis 7 cm lang, fest, eher rundlich; Rispen bis 4 cm, kleine Blüten, ca. 1,5 cm im Durchmesser, rosarote Farbe; blühen an der Rispe nicht immer zusammen auf, daher lange Blütezeit.
Heimat: Taiwan (endemisch)
Blütezeit: Variabel über das gesamte Jahr
Kultur: Kalt, temp., halbschattig bis Schatten; bevorzugt aufgebunden zu kultivieren; hohe Luftfeuchtigkeit, viel Frischluft.

Barbosella australis (Cogn.) Schltr.

Merkmale: Kleine kriechende Rhizome, wie alle *Barbosella*-Arten mit papierartigen Hüllblättern am Blattstiel; Blätter fast rund, ca. 4 cm; Blütenstand einzeln stehend, das Blatt überragend, Durchmesser ca. 4 cm, rosa-gelblich, Lippe dunkler.
Heimat: Brasilien
Blütezeit: Sommer/Herbst, aber auch davon abweichend!
Kultur: Temp., halbschattig bis schattig; aufgebunden kultiviert leichter zu pflegen. Sie dürfen eigentlich niemals ganz trocken werden, Frischluft.

Barbosella handroi, kaum von *B. cucullata* zu unterscheiden; beide aber pflegeleicht.

Barbosella cuculata (Lindl.) Schltr.

Merkmale: Wie oben, Blätter länger, bis ca. 7 cm; Blüten schmaler, ebenfalls ca. 4 cm Durchmesser, je nach Herkunft weißlich-grün bis gelb.
Heimat: Venezuela, Kolumbien, Peru und Ecuador
Blütezeit: Ganzjährig, Schwerpunkt Sommer, mehrfach blühend
Kultur: Wie oben angegeben, niemals trocken werden lassen! Sonst keine Probleme.

Barbosella handroi Hoehne

Merkmale: Eigentlich wie *Barbosella cuculata*, in der Blüte etwas schmaler; Blätter nur ca. 2 cm lang; fast sukkulenter Eindruck.

Broughtonia sanguinea, kleine Pflanze mit langem Blütenstiel.

Heimat: Brasilien
Blütezeit: Sommer/Herbst/Winter
Kultur: Wie *Barbosella cuculata.*

Barbosella miersii (Lindl.) Schltr.

Merkmale: Kleinste Art der Gattung; winzig kleine, ovale Blätter an ca. 0,7 cm langen Blattstielen; diese stehen schuppenartig nebeneinander; Blüten nur 2 mm im Durchmesser, vielblütig, weiß bis gelb.
Heimat: Brasilien
Blütezeit: Winter
Kultur: Temp., halbschattig, an kleinen Aststücken aufbinden; wenig Pflanzstoff; häufig übersprühen. Nette Pflanze für kleine Terrarien und Vitrinen. Bedeckt Rückwände oder Äste wie *Ficus pumila* nur eben winzig klein.

Barkeria halbingeri Thien.

Merkmale: Die länglichen Bulben der Art werden ca. 15 cm hoch; Blätter ungefähr 6 cm; mehrere Blüten an einem nur 5 cm hohen Blütenstiel, Durchmesser ca. 4 cm, rosa bis rot, Petalen abgesetzt heller, Lippe weiß mit purpurnen Punkten.
Heimat: Mexiko (endemisch)
Blütezeit: Sommer
Kultur: Temp., hell, am besten aufgebunden. In der Wachstumszeit viel Wasser, Dünger. Ruhephase beginnt schon in der Blüte: Die Blätter werden trocken. Bis zum neuen Trieb trocken halten, auch Luft trocken.

Brassavola nodosa (L.) Lindl.

Merkmale: Eigentlich kein echter Mini, wenn man der Beschreibung der Botaniker glaubt. Die größeren Exemplare auch als *B. grandiflora* oder *B. nodosa var. grandiflora* beschrieben. Im Handel befindliche selten größer als 15 cm, eher kleiner; fleischige Blätter, rundlich, vorne spitz; Blütenstand endständig, bis ca. 20 cm, meist mehrblütig, Einzelblüte bis 8 cm breit, Sepalen und Petalen weißlich bis grün oder hellgrün. Lippe weiß, groß, im Grund mit purpurnen Punkten. Nachts duftend!
Heimat: Mexiko, Panama, Venezuela und Peru
Blütezeit: Frühjahr/Sommer
Kultur: Temp., warm, hell; aufgebunden oder in kleinen Gefäßen; leicht wachsend. Ideal für alle Kulturarten, ob Zimmer, Gewächshaus u. a. m. Vorsichtig, d. h. der sukkulenten Art angepaßt, wässern! Achtung Schildläuse!

Broughtonia sanguinea (Sw.) R. Br.

Merkmale: Sehr variationsreiche Art, kleine bis mittelgroße Epiphyten; Bulben kugelig oder zylindrisch, ca. 2–4 cm; Blätter fest, zweiblättrig, meist ca. 10 cm lang; Blütenstiel 20 bis 40 cm, bis zu 10 Blüten, ca. 2 cm breit. Blütenfarbe variabel von rot bis weiß, aber auch gelb oder rosa; Lippe auffällig gelb, groß.
Heimat: Jamaika und Kuba
Blütezeit: Sommer
Kultur: Temp., warm, hell, am besten aufgebunden, hohe Luftfeuchtigkeit. Wasser und Dünger in der Wachstumszeit; extreme Ruhezeit. Wenn das Licht in der Blütezeit

nicht ausreicht, verblühen die Pflanzen sehr schnell, sonst blühen sie wochenlang! Wichtig für die Züchtung mit Cattleya.

Bulbophyllum Thou.

Zur Gattung: An dieser Stelle müssen wir von einer einfachen Aufzählung der Arten einmal absehen, denn *Bulbophyllum* ist einfach die Gattung für Miniaturorchideenfreunde! Es ist die Gattung mit den meisten Arten. Bis jetzt sind 2 500 bekannt. Es ist aber auch die Gattung, bei der die Systematiker noch lange streiten, d. h. ordnen können. Darüber hinaus ist es die Gattung die mit ihren Arten in Asien, Australien, Afrika (Madagaskar) und Südamerika vertreten ist.

Die meist auffälligen Bulben – rund, länglich, zylindrisch usw. – sitzen dem Rhizom scheinbar auf. Sie wachsen sympodial, also über den Knospen der Bulben. Die Blüten unterscheiden sich in Form, Größe, Farbe und Art (Dolde, Traube, Einzelblüte).

Die meisten *Bulbophyllum*-Arten scheinen sich der Bestäubung durch Fliegen angepaßt zu haben. Darauf deuten Farben, Duft (Aas) und Form hin. Viele Blüten verfügen über eine bewegliche Lippe.

Die Kultur richtet sich nach der Herkunft. Schwierig sind sie alle, zumindest bis sie sich einmal eingewöhnt haben. Am besten bindet man sie auf.

Die Blütezeit ist bei fast allen nur kurz, entschädigt aber durch Vielzahl, Farbe und Form. Immer wieder mußte ich feststellen, daß sich meine *Bulbophyllum*-Arten nie an die angegebenen Blütezeiten gehalten haben. Sie blühen irgendwann – auch in der Ruhzeit, daher ist die Überraschung immer wieder groß.

Bei den meisten ist der Habitus, ob in einer Vitrine oder im Terrarium, auch ohne Blüte schon eine Bereicherung. Die meisten Arten finden sich übrigens in Asien, dort vielfach in wärmeren Zonen, sind also gut fürs Zimmer geeignet.

Bulbophyllum affine Ldl.

Merkmale: Bulben bis 4 cm, Blätter bis 15 cm, manchmal länger; Rhizome zwischen den Bulben 5 cm Abstand; Blätter auffällig dunkelgrün, ledrig; Blüte 1 cm im Durchmesser, sternförmig, 1 bis 2 Blüten, Stiel 5 cm, weiß oder hellgrün, purpurfarbene Nerven, Lippe orange bis gelb.
Heimat: Indien, Thailand
Blütezeit: Sommer
Kultur: Temp., hell bis halbschattig, Ruhezeit.

Bulbophyllum barbigerum, die interessanteste afrikanische *Bulbophyllum*.

Bulbophyllum barbigerum Lindl.

Merkmale: Bulben ca. 3 cm, rund oder elliptisch, eng beieinander, einblättrig; Blätter bis ca. 15 cm, hellgrün, ledrig; Blütenstand abstehend, bis 15 cm lang; Blüten klein, traubig immer mehrblütig, braunrot bis weinrot, Blütenblätter klein, manchmal grünlich überlaufen, Lippe ca. 1 cm lang, weit aus der Blüte herausstehend, an den Rändern bewimpert, vorn mit einem Büschel weinroter Haare; eine der interessantesten Orchideenblüten!
Heimat: Sierra Leone, Kamerun und Nigeria
Blütezeit: Frühjahr/Sommer
Kultur: Warm, temp., halbschattig, aufgebunden oder im Gefäß. Wächst sehr leicht; auch in der Ruhezeit etwas feucht halten.

Bulbophyllum blepharistes Rchb.f.

Merkmale: Bulben 5 cm hoch, eiförmig, hellbraun, zweiblättrig, ledrig dunkelgrün; weiter Abstand der Bulben; Blüte auf ca. 12 cm langem Stiel, mehrblütig, Einzelblüte ca. 3 cm im Durchmesser, creme-, braun-gelb, Petalen bewimpert, Blüten öffnen sich nacheinander über mehrere Wochen.
Heimat: Thailand
Blütezeit: Sommer
Kultur: Warm, halbschattig, unkompliziert; wegen der langen Rhizomabstände unbedingt auf lange Äste aufbinden, wenig Pflanzstoff; Pflanzen sollen manchmal trocken werden.

Bulbophyllum dayanum Rchb.f.

Merkmale: Ähnlich der vorgenannten; Blätter größer, fast blaugrün, auch ohne Blüte dekorativ, Bulbenabstand bis 7 cm; Blüte 2–3blütig, ca. 4 cm breit, Sepalen gelbgrün, innen rot gepunktet, lang bewimpert, Petalen kürzer, rotbraun mit grünem Rand, ebenfalls bewimpert, Lippe hellpurpur, Rand grüngelb, mit Warzen am Rand.
Heimat: Thailand
Blütezeit: Sommer
Kultur: Warm, halbschattig bis schattig; aufgebunden oder in flachen Schalen mit sehr durchlässigem Pflanzstoff; immer feucht, nie naß!

Bulbophyllum dearei Rchb.f.

Merkmale: Bulben gebündelt, eiförmig ca. 4 cm; einblättrig bis 15 cm lang; Blüten aufrecht, einzeln, sehr groß; Sepalen gelb, rot getüpfelt bzw. purpurn genervt, Petalen dunkler gelb, ebenfalls purpurn gezeichnet, Lippe weiß bis gelb, purpurn marmoriert, Durchmesser bis ca. 14 cm.
Heimat: Borneo, Philippinen
Blütezeit: Sommer
Kultur: Temp., warm, halbschattig; aufgebunden oder in flachen Schalen. Keine Staunässe, wächst mit wenig Pflanzstoff. Ruhezeit!

Bulbophyllum dayanum

Bulbophyllum dearei aus Borneo.

Bulbophyllum lobbii Lindl.

Merkmale: Eigentlich kann man die Beschreibung der oben genannten Art wiederholen: Blütenfarbe hell- oder ockergelb, rote Nerven.
Heimat: Borneo, Java, Sumatra, Thailand
Blütezeit: Ganzjährig
Kultur: Wie vorgenannte.

Bulbophyllum medusae (Lindl.) Rchb.f.

Merkmale: Bulben bis 4 cm; Rhizome kriechend; Blätter bis 15 cm, dick, dunkelgrün; Blüte 20 cm lang, 40 bis 60 zusammen; dadurch wie ein Fransenteppich, gelblich weiß.
Heimat: Thailand, Borneo, Sumatra
Blütezeit: Sommer
Kultur: Temp. bis warm, halbschattig; aufgebunden oder im flachen Gefäß. Ruhezeit beachten.

Cadetia taylori Schltr.

Merkmale: Büscheliger Epiphyt; Bulben bis ca. 7 cm; einblättrig, ca. 3 cm, dunkelgrün; Blütenstand einblütig, weiß, Durchmesser ca. 1 cm, Lippe gelb oder rosa-gelb.
Heimat: Australien, tropischer Regenwald
Blütezeit: Sommer
Kultur: warm, halbschattig, aufbinden auf sehr kleine Aststücke oder kleine Gefäße. Auch in der Ruhezeit nie ganz trocken werden lassen. Leider werden die Pflanzen selten angeboten, obwohl ihre Kultur unproblematisch ist.

Capanemia micromera Barb.Rodr.

Merkmale: Kleiner Epiphyt mit winzigen Bulben, eiförmig rund, durchgehend (Einschnürung) in zwei fast runde, ca. 5 cm lange Blätter; Blütenstand an der Basis der Bulbe ca. 6 cm lang mit mehreren weißen Blüten, Durchmesser ca. 1,5 cm, Lippe mit zwei gelben Schwielen.
Heimat: Brasilien
Blütezeit: Frühjahr
Kultur: Temp., relativ hell, ohne direkte Sonne. Auch in der Ruhezeit nie ganz trocken werden lassen! Wächst leicht und zuverlässig.

Cattleya aclandiae Lindl.

Merkmale: Bulben bis 12 cm, meist kürzer; 2 Blätter, bis ca. 8 cm lang; Blüten bis 8 cm Durchmesser, Sepalen und Petalen grünlich mit unregelmäßigen braunroten Flecken, Lippe rosafarben mit purpurnen Nerven.
Heimat: Brasilien

Cattleya aclandiae wird heute aus Nachzucht angeboten.

Blütezeit: Am Ende der Triebbildungsphase
Kultur: Temp., hell, aufgebunden oder in flachen Gefäßen, kaum Ruhezeit, ein Trieb löst den anderen ab. Daher zwar immer feucht halten, aber niemals naß!

Cattleya luteola Lindl.

Merkmale: Kriechender Epiphyt, Bulben bis 15 cm, keulenförmig, einblättrig; Blatt bis 20 cm, Blüte ca. 5 cm Durchmesser, grün bis gelb, Mehrblütig, Lippe ebenfalls gelb, Seitenlappen rot geadert.
Heimat: Brasilien, Ecuador, Bolivien und Peru
Blütezeit: Sommer/Herbst
Kultur: Temp., halbschattig bis schattig; verträgt auch etwas Wärme; aufgebunden oder im Gefäß. Sollte auch in der Ruhezeit niemals ganz trocken werden.

Cattleya luteola, nicht einfach zu kultivieren.

Cattleya nobilior Rchb.f.

Merkmale: Kurze, ca. 4 bis 7 cm lange Bulben, zweiblättrig bis 6 cm. Abweichend von dem sonst bei *Cattleya* üblichen apikalen Blütentrieb, erscheint dieser an einem seitlichen nur für die Blüte gebildeten Sproß. Es erscheinen drei, bis 12 cm große duftende Blüten, rosa bis lavendelfarben, Lippe zeigt einen dunkleren Vorderlappen und gelbe Schwielen.
Heimat: Brasilien
Blütezeit: Sommer
Kultur: Temp., halbschattig; aufgebunden oder im Gefäß; in der Wachstumszeit eher warm und feucht. Ruhephase streng einhalten!

Cattleya schilleriana Rchb.f.

Merkmale: Keulenförmige Bulben, ca. bis 14 cm, zwei Blätter bis 10 cm lang. Bei hohen Lichtgaben rötlich gefärbt. Blüten 9 cm Durchmesser,

bis zu 5 cm an einem Schaft, Grundfarbe braunrot oder braungelb, purpurrote Flecken, Lippe im Grund weiß, purpurrote Aderung.
Heimat: Brasilien
Blütezeit: Herbst
Kultur: Temp., hell,in der Wachstumszeit feucht halten; Ruhezeit. Kaum Probleme.

Cattleya walkeriana Gardner

Merkmale: Wie *C. nobilor,* Blüten jedoch dunkellavendel, ebenfalls die Lippe.
Heimat: Brasilien
Blütezeit: Herbst
Kultur: Temp., sehr hell; aufgebunden oder im Gefäß; sehr anpassungsfähig. Vorsicht in der Ruhezeit! Verträgt dann keine Feuchtigkeit.

Cattleytopsis lindeni Cogn.

Merkmale: Die epiphytische Pflanze ist *Broughtonia* nicht unähnlich; Botaniker unterscheiden die Zahl der Pollinien; bis 12 Blüten an einem ca. 40 cm langen Stiel, fast 4 cm Durchmesser, hellrosa, dunkelrosa Lippe.
Heimat: Westindien
Blütezeit: Frühjahr
Kultur: Temp., wobei der extrem helle Standort dieser Pflanze erwähnt werden muß. Gut in Terrarien zu halten, die sonst Tillandsien und sukkulente Pflanzen beherbergen.

Cattleya schilleriana, die Königin der zweiblättrigen Cattleya.

Chiloschista lunifera J.J.Sm.

Merkmale: Diese Art gehört zu den sogenannten blattlosen Orchideen; Stamm sehr kurz; Blätter nur als kleine schmale Blättchen für wenige Wochen; Blütenstand hängend, bis ca. 10 cm lang, bis zu 12 Blüten, Einzelblüte ca. 1,8 cm im Durchmesser, Sepalen und Petalen grün- oder braungelb mit roten Tupfern, Lippe weiß.
Heimat: Thailand, Indien
Blütezeit: Sommer
Kultur: Warm, schattig, natürlich aufbinden, fast kein Pflanzstoff. Möglichst mit dem Originalast erwerben. Niemals trocken werden lassen. Wenn man sich an die Eigenheiten der Pflanze gewöhnt hat, eigentlich keine Kulturschwierigkeiten.

Chiloschista lunifera

Pflanzen, die unter der Bezeichnung *Chiloschista usneoides* angeboten werden, sind nicht von oben genannter Art zu unterscheiden. Die Blüten sind heller.

Chondrorhyncha reichenbachiana

Merkmale: Epiphyt, ohne Bulben; Blätter aus dem Rhizom, ca. 12 cm lang; Blüten ca 4 cm im Durchmesser, weiß, grün-gelbe Lippe.
Heimat: Kolumbien
Blütezeit: Sommer
Kultur: Temp., Halbschatten bis Schatten, immer feucht halten; aufgebunden oder im Gefäß; nur durchlässiges Pflanzmaterial verwenden. Staunässe vermeiden, sonst faulen die Pflanzen sehr schnell! Für Frischluft sorgen!

Cirrhopetalum fascinator Rolfe

Merkmale: Bulben länglich, 3 cm hoch; Rhizomabstand ca. 3 cm, Blatt schmal, bis 6 cm; Blüten sehr groß bis 23 cm lang, mittleres Sepalum grün, 3 cm lang, mit purpurnen Flecken, am Rand behaart, seitliche Sepalen bis 18 cm lang, grün, rote Aderung, Petalen klein, dicht, zottig.
Heimat: Thailand, Vietnam
Blütezeit: Herbst/Winter
Kultur: Warm, schattig; aufgebunden oder im Gefäß; wächst unproblematisch, wenn es sich erst einmal eingewöhnt hat. Ruhezeit nur andeuten!

Rechts:
Cirrhopetalum fascinator,
faszinierend bis ins Detail.

Cirrhopetalum gracillimum Rolfe

Merkmale: Bulben am Rhizom ca. 5 cm entfernt stehend, länglich eiförmig, 4 cm lang; Blätter ca. 10 cm, meist weniger lang; Blüten doldig, variationsreich, mittleres Sepalum braun oder braunrot, beide seitlich ebenfalls braun bis rot, Petalen etwas heller, Lippe weiß, Blütendurchmesser bis 7 cm, schmal.
Heimat: Südostasien
Blütezeit: Variabel
Kultur: Warm, schattig bis halbschattig; aufgebunden oder in flachen Schalen. Eigentlich alle Hinweise wie für *Bulbophyllum* gültig (s. S. 53 ff.). In der Wachstumszeit nie trocken werden lassen!

Cirrhopetalum mastersianum Rolfe

Merkmale: Bulben eiförmig, ca. 4 cm hoch, Blatt schmal, bis 15 cm; Blütenschaft bis 20 cm lang mit 6 bis 10 Blüten, Blüten bis 5 cm lang, gelb-braun, mit braunen Punkten, brauner Lippe.
Heimat: Borneo, Molukken
Blütezeit: Sommer
Kultur: Warm, schattig bis halbschattig; aufgebunden, aber auch im Gefäß; sollte nie richtig trocken werden!

Cleisostoma arietinum Garay

Merkmale: Sukkulente, fast runde, ledrige Blätter an einem meist nur 10 cm langen Stamm; Rispen erscheinen seitlich, bis zu 12 cm lang, Verzweigung möglich; 30 bis 50 Blüten, weiß-rosa, wächsern, Lippe dunkelrosa, Einzelblüte 6 mm im Durchmesser.
Heimat: Thailand
Blütezeit: Sommer/Herbst
Kultur: Warm (trotz der sukkulenten Blätter), schattig bis halbschattig; aufgebunden kultivieren! Pflanze soll abtrocknen können.

Cleisostoma simondii

Cleisostoma simondii Gagnep.

Merkmale: Ähnlich der vorgenannten, lockerer im Aufbau, Blätter und Stamm je nach Varietät unterschiedlich lang; Blüten bis 1 cm Durchmesser an Rispen, vielblütig, grünlich-gelb, Lippe weiß, rote Höcker.
Heimat: Thailand, Indien
Blütezeit: Sommer/Herbst
Kultur: Wie *Cleisostoma arietinum*.

Cochlioda vulcanica

Cochlioda vulcanica Bth.

Merkmale: Bulben bis 6 cm, zweiblättrig, 12 cm; Schaft mit bis zu 15 Blüten, häufig mehrere Rispen pro Trieb, Einzelblüte rosenrot, ca. 4 cm, Lippe heller, im Schlund vier längliche Schwielen.
Heimat: Peru
Blütezeit: Herbst/Winter
Kultur: Kalt, schattig, sonst ohne Probleme, hohe Luftfeuchtigkeit; die Pflanzen können aufgebunden kultiviert werden, aber einfacher im Gefäß. Ruhezeit streng einhalten, wenn möglich bei ca. 10 °C!

Coelogyne fimbriata Lindl.

Merkmale: Epiphytisch wachsende, eher kriechende Pflanze; Bulben bis 4 cm hoch, zweiblättrig, Blätter bis ca. 8 cm lang; Blütenstand ein- bis wenigblütig, ca. 3,5 cm im Durchmesser, Sepalen und Petalen hellgelb oder braungelb, Lippe weiß oder hellgelb mit brauner Zeichnung.
Heimat: Laos, Kambodscha, Vietnam, Thailand, China
Blütezeit: Sommer
Kultur: Temp., kalt; aufgebunden und im Gefäß; Ruheperiode einhalten um ca. 10 Grad; unproblematisch in der Kultur. Aber Bestimmung der im Handel unter ähnlicher Beschreibung auftauchenden Arten, wie *C. ovalis*, *C. pallens* und *C. fulginosa* nicht einfach.

Comparettia coccinea Lindl.

Merkmale: Epiphytisch und lithophytisch wachsend; Bulben zusammengepreßt, bis 3 cm lang; Blätter ca. 8 cm, dunkelgrüne Oberseite, violettrote Unterseite; Blütenstand bis 20 cm lang, manchmal verzweigt, bis zu 12 Blüten, Einzelblüte ca. 2 cm Durchmesser. Gelborange, mit rot oder orangefarbenen Rändern an Sepalen und Petalen, Lippe scharlachrot, Sporn 0,8 cm.
Heimat: Brasilien
Blütezeit: Herbst
Kultur: Temp., Schatten bis Halbschatten; aufgebunden oder in sehr kleinen Gefäßen. Kultur ist schwierig, nie trocken, aber auch nie naß! Die Blüten allerdings ein Erlebnis!

Comparettia speciosa Rchb.f.

Merkmale: Ähnlich der vorgenannten; Blätter etwas länger; Blütenschaft bis 50 cm, vielblütig, leuchtend scharlachrot, Einzelblüte 3,5 cm im Durchmesser, Lippe geadert, Sporn bis 3,5 cm.
Heimat: Ecuador, Kolumbien
Blütezeit: Herbst

Coelogyne ovalis

Crypthphorantus atropurpureus, optimale Anpassung an den Bestäuber (Ameisen!).

Kultur: Temp./kalt, halbschattig; aufgebunden oder kleines Gefäß, nie trocken!

Cryptophoranthus atropurpureus (Lindl.) Rolfe.

Merkmale: Epiphytisch und terrestrisch wachsende, kleine bis 7,5 cm hohe Pflanze; Blätter ohne Bulben aus einem ca. 3 cm langen Stamm, Blätter bis 8 cm; Blüten einzeln am Blattgrund, dunkelviolettrot, Sepalen verwachsen, nur einen Schlitz frei lassend (wie ein Vogelkopf).
Heimat: Jamaika

Dendrobium aggregatum, variationsreiche Art in vielen Gelbtönen.

Blütezeit: Sommer
Kultur: Temp., hell, nicht zu feucht. Aufgebunden schwieriger als im Gefäß. Ruhezeit kaum vorhanden. Wächst völlig zuverlässig.

Dendrobium aggregatum Roxb.

Merkmale: Stammhöhe 3 bis 8 cm; versch. Var. werden angeboten; einblättrig bis 8 cm; Blüten hängend vielblütig, Blüten 4 cm im Durchmesser, orange-gelb, Lippe hellgelb, an den Rändern gewellt und bewimpert.
Heimat: Indien, China
Blütezeit: Frühjahr

Kultur: Temp., halbschattig bis hell; überwiegend aufgebunden, sonst kleine Gefäße. Ruhezeit beachten! Temperatur kann auf 8 °C absinken. Pflanzen können ganz trocken gehalten werden.

Dendrobium arachnites Rchb.f.

Merkmale: Stamm bis ca. 7 cm; 4 bis 6 Blätter, hellgrün, weich bis ca. 6 cm lang; Blüten an alten Bulben im oberen Bereich; nur 2- bis 3blütig, aber mehrere Rispen an einem Bulb möglich, Einzelblüten bis 4 cm im Durchmesser, Sepalen und Petalen, in Orangerot, Lippe mit purpurner Aderung.
Heimat: Birma, Indien
Blütezeit: Frühjahr

Kultur: Warm, temp., schattig bis halbschattig; aufgebunden und im Gefäß, wie alle *Dendrobium;* Gefäß extrem klein wählen. In der Ruhezeit verlieren die Bulben die Blätter, jetzt möglichst nicht gießen, nur hohe Luftfeuchtigkeit. Der Neutrieb zeigt sich zuerst, bald darauf die Blüten.

Dendrobium bellatulum Rolfe.

Merkmale: Stamm bis ca. 8 cm, spindelförmig mit Längsteilungen; Blätter jeweils 2 bis 4, ca. 5 cm lang, ledrig mit schwarzen Haaren bedeckt; Blüten sehr groß und duftend, 3,5 cm breit, 1- bis 3blütig, Sepalen und Petalen weiß, Lippe gelb, Seitenlappen rot.
Heimat: Thailand, Indien
Blütezeit: Frühjahr

Dendrobium arachnites, siehe S. 61

Dendrobium fürstenbergianum

Kultur: Temp., warm, schattig bis halbschattig; Pflanzen auch in der Ruhezeit nie ganz trocken werden lassen! Wächst sehr gut.

Dendrobium fürstenbergianum Schltr.

Merkmale, etc.: Alles wie bei vorgenannter Art, nur Stamm, Blätter und Blüten etwa ein Drittel länger, schmäler.

Dendrobium margaritaceum Finet Bull.

Merkmale, etc.: Auch hier ist der Unterschied zu *D. bellatulum* nur schwer auszumachen: lediglich die Lippe ist kleiner, ebenfalls der Habitus der Pflanze. Die Seitenlappen der Lippe sind kaum oder wenig orange gefärbt.

Dendrobium cuthbertsonii F. von Mueller

Merkmale: Stämme gebüschelt angeordnet, 1,5 bis 8 cm lang; Blätter 2 cm lang; sehr rauhe, gefurchte Oberseite, dunkelgrün oder braunrot; Blüten sehr groß, 3,5 cm lang, Blüten von rosa bis rot; vielblütig und sehr schön!
Heimat: Neuguinea
Blütezeit: Frühjahr/Sommer
Kultur: Kalt (am Standort zwischen 10 °C und 20 °C, nachts auf 5 Grad absinkend), Halbschatten, im Herbst rechtzeitig hell kultivieren; aufgebunden; hohe Luftfeuchtigkeit, dabei aber immer Luftbewegung und Frischluft.

Dendrobium cuthbertsonii

Dendrobium delacourii Guill.

Merkmale: Unter diesem Namen werden auch Pflanzen beschrieben, die wesentlich größer werden. Stamm bei den heute aus Thailand im Handel befindlichen ca. 5 cm; zwei bis vier Blätter; bis ca. 4 cm lang; Blüten ca. 2 cm im Durchmesser, erscheinen an der Bulbenspitze, bis zu 15 Blüten, weiß, weißlichgrün, Lippe mit dunkleren Nerven, einer Schwiele am Grund und Fransen an der Spitze.
Heimat: Thailand
Blütezeit: Frühjahr
Kultur: Warm, temp., schattiger Standort; hohe Luftfeuchtigkeit in der Wachstumsperiode; verliert die Blätter in der Ruhezeit. Die weichen Blätter sind anfällig gegen Spinnmilben.

Dendrobium delcourii; r. Bild, etwa natürliche Größe, deutlich sichtbar die Fransen.

Dendrobium kingianum Bidwill

Merkmale: Vielgestaltige, lithophytisch wachsende Pflanze; kleine und große Formen mit bis zu 6 Blättern, an schlanken Stämmen, meist dunkelgrün gefärbt (Stämme 5 bis 35 cm, entsprechend die Blätter); Blüten, je 1–3 am Stamm, vielblütig, bis 2,5 cm im Durchmesser, weiß, rosa oder purpurn, Lippe mit roten oder purpurnen Flecken.
Heimat: Australien
Blütezeit: Winter/Frühjahr
Kultur: Bei dieser Pflanze ist fast alles möglich: Aufgebunden oder im Gefäß kultivieren, schattig oder in der Sonne halten; immer dekorativ, unverwüstlich im Wuchs. Blüten kann man allerdings nur erwarten, wenn eine Ruheperiode bei ca. 5 bis 8 °C eingehalten wird. Dann ist die Blüte aber sehr schön!

Dendrobium loddigesii Rolfe

Merkmale: Stämme des kleinen Epiphyten bis ca. 15 cm lang; Blätter an den Nodien, etwas fleischig; Blüten meist nach Blattfall ebenfalls an den Nodien. Durchmesser bis ca. 5 cm, Sepalen rosa, Petalen dunkler bis purpurn, Lippe purpurn umrandet mit einer weißen Randzone, Platte orange, Ränder dicht gefranst.
Heimat: China
Blütezeit: Spätsommer
Kultur: Temp., halbschattig; aufbinden; auch diese *Dendrobium*-Art wächst sehr leicht. Blüten erscheinen aber erst nach dem Blattfall. Eine Ruheperiode ist unbedingt rechtzeitig einzuleiten.

Dendrobium kingianum var. Alba

Dendrobium oligophyllum Guil.

Merkmale: Stämme bis ca. 7 cm; Blätter bis ca. 3 cm an den Nodien; Epiphyt; Stämme gebündelt; Blüten ca. 1 cm im Durchmesser, weiß, Lippe weiß, Seitenlappen mit grünen Nerven, 3 Schwielen, grün.
Heimat: Thailand
Blütezeit: variabel
Kultur: warm, halbschattig bis schattig; aufgebunden oder im Topf; Blüten erscheinen an blattlosen und beblätterten Bulben. Fast ganzjährig! Wächst unproblematisch.

Dendrochilum compactum (?)

Merkmale: Bulben ca. 2 cm; einblättrig; lang dünn bis 10 cm; Blütenstand bis 20 cm, seitlich, vielblütig, Einzelblüte 0,5 cm, weiß, Lippe gelb.
Heimat: Philippinen
Blütezeit: Frühjahr
Kultur: Warm, temp., halbschattig bis schattig; aufgebunden oder im kleinen Gefäß; Ruheperiode beachten, wächst sehr leicht, gute Drainage nötig.

Dendrochilum filiforme Lindl.

Merkmale: Bulben ca. 3 cm lang; Blätter bis 20 cm lang, schlank, einblättrig; Blütenstände bogig hängend, ca. 40 cm lang, vielblütig, Einzelblüte 0,8 cm breit, gelblich, weiß, Lippe gelb.
Heimat: Philippinen
Blütezeit: Herbst/Winter
Kultur: Temp., warm. Kultur im Gefäß oder aufgebunden; Pflanzen sehr anpassungsfähig. Wahrscheinlich werden unter dieser Bezeichnung verschiedene Arten angeboten. Manchmal wird die kurze Blütezeit erwähnt, häufig sind aber bis drei Wochen Blütezeit bekannt. Duftet mal mehr, mal weniger, immer jedoch bemerkbar.

Dendrobium oligophyllum blüht – fast – ganzjährig.

Dichaea ciliolata Rolfe

Merkmale: Pseudomonopodial wachsende Gattung; diese Art mit nur ca. 3 mm großen Blättern, kriechend; Blüten endständig, braungelb bis ca. 7 mm breit, mit braunen Punkten, Lippe weißlich.
Heimat: Costa Rica, Panama
Blütezeit: Variabel
Kultur: Temp., schattig; aufgebunden oder in flachen Schalen. Vorsichtig wässern! Sehr dekorativ (auch ohne Blüten) für tropische Terrarien und Vitrinen.

Dinema polybulbon Lindl.

Merkmale: Kriechende kleine Pflanzen; Bulben ca. 2 cm lang; zweiblättrig, bis ca. 3 cm lang; Blüten ca. 2 cm breit, Sepalen und Petalen

leuchtend gelb-braun, Lippe weiß.
Heimat: Mexiko, Guatemala, Kuba, Honduras
Blütezeit: Winter/Frühjahr
Kultur: Temp., viel Licht; kann im Gefäß oder aufgebunden kultiviert werden; in der Wachstumszeit viel Wasser und Dünger; wächst leicht. Kaum Ruhezeit. Rasches Wachstum (auch als *Epidendrum polybulbon* bekannt).

Doritis pulcherrima Lindl.

Merkmale: Eigentlich gehört die Art zu den „Großen", da aber im Handel meist kleinere Formen dieser variationsreichen Art auftauchen, sei sie hier genannt. Aufgebaut wie *Phalaenopsis,* wozu sie früher auch gezählt wurden, mit ca. 5 cm langem Stamm und Blättern zwischen 6 und 15 cm; Blütenstand aufrecht bis 60 cm lang, manchmal verzweigt. Blüten bis ca. 3 cm Durchmesser, rosa bis violettpurpur, Lippe mit rötlichen Seitenlappen, purpurnem Mittellappen und weißen Linien auf der Platte.
Heimat: China, Kambodscha, Vietnam und Sumatra.
Kultur: Warm/temp., halbschattig; in der Wachstumszeit reichlich wässern, düngen; in der Ruhezeit trockner als *Phalaenopsis*.

Dracula chestertonii Luer.

Merkmale: Pflanzen ohne Bulben; Blätter bis ca. 12 cm; Blütenschäfte herabhängend, Einzelblüten ca. 9 cm breit, dicht schwarzbraun punktiert, 2,5 cm lange Schwänze, Blüten weit geöffnet, Lippe hellbraun.
Heimat: Kolumbien
Blütezeit: Sommer/Herbst
Kultur: Kalt, temp., aufgebunden oder im offenen Gefäß (Holz- oder Drahtkörbchen). Die Blüten erscheinen unter der Pflanze. Hohe Luftfeuchtigkeit, aber Luftbewegung und immer Frischluft. *Dracula* sollen niemals ganz trocken werden!

Dryadella edwallii Luer.

Merkmale: Blätter des rasenartig wachsenden Epiphyten bis 3 cm lang, auf kurzem Stiel, 0,5 cm breit; Blüten bis 3 cm breit, grünlich-gelb, mit zahlreichen braunroten Punkten, Sepalen mit 2 cm langem Schwanz, Lippe heller gelb.
Heimat: Brasilien
Blütezeit: Sommer bzw. variabel.
Kultur: Temp., halbschattig bis schattig; aufgebunden oder in sehr kleinem Gefäß; Pflanzen dürfen auch in der Ruhezeit niemals ganz trocken werden. Luftfeuchtigkeit in der Ruhezeit nicht unter 60 %! Wurde früher als *Masdevallia* geführt.

Dryadella edwallii früher als *Masdevallia edwallii* geführt, wächst und blüht leicht und zuverlässig.

Dryadella lilliputiana Luer.

Merkmale: Wie vorgenannte Art, nur noch kleiner; Blätter nur ca. 1,8 cm; Blüten winzig, grünlich-gelb, gelb oder cremefarben, Blütenblätter transparent (manchmal braun getüpfelt), Lippe gelb, bräunlich getüpfelt.
Heimat: Brasilien
Blütezeit: Winter
Kultur: Wie oben beschrieben; aber halbschattig; nicht schattig! da Pflanzen noch kleiner, können sie eher austrocknen. Eigentlich wachsen sie jedoch sehr leicht. Bestens für Vitrinen und nicht zu warme Terrarien geeignet. Wurde früher als *Masdevallia* geführt.

Encyclia microbulbon Hoehne.

Merkmale: Epiphyt mit ca. 2 cm großen, rundlichen Bulben; bis 12 cm lange, schmale ledrige Blätter; Blütenstand bis 15 cm, Blüten nacheinander erblühend, über mehrere Monate, Sepalen und Petalen mehr oder weniger braun-rot, Lippe weiß, purpur-rot geadert.
Heimat: Mexiko
Blütezeit: Sommer
Kultur: Temp., sehr hell; aufgebunden oder in sehr kleinen Töpfen; die Pflanzen müssen immer wieder richtig abtrocknen, ehe sie wieder besprüht oder gegossen werden. Im Sommer ins Freie!

Encyclia mariae Hoehne.

Merkmale: Zwar sind die Pflanzen fast keine „Minis" mehr, aber sehr eindrucksvoll. Bulben länglich, rundlich, 4 cm groß; Blätter bis 15 cm; Blütenstiel bis 25 cm lang mit bis zu vier Blüten, Einzelblüten ca. 8 cm breit, apfelgrün mit fast 7 cm langer, weißer Lippe.
Heimat: Mexiko
Blütezeit: Frühjahr
Kultur: Temp., hell; aufgebunden oder im Topf; im Sommer ins Freie; wächst nur mit viel Frischluft und ständiger Luftbewegung (Heimat endemisch in trocknen Eichenwäldern).

Encyclia pygmaea Dressler.

Merkmale: Eiförmige Bulben ca. 2 cm hoch an verzweigten Rhizomen ca. alle 3 cm; Blätter nur ca. 4 cm lang, breit, immer zwei am Bulb; Blüten winzig, nur 0,5 cm groß, fleischig, braun und grün überlaufen oder braun und gelblich überlaufen, Lippe weiß.
Heimat: Gesamtes tropisches Amerika einschl. Florida
Blütezeit: Herbst
Kultur: Temp., halbschattig bis hell; aufgebunden ohne Probleme! Für jeden Standort geeignet, der Luftbewegung und Frischluft aufweist.

Epidendrum porpax

Epidendrum porpax Rchb.f.

Merkmale: Vielverzweigte bis 10 cm hohe Pflanze; Stämme rund, beblättert; Blätter zweizeilig ca. 2 cm, Blüten endständig, einblütig ca. 2 cm, lila-grün, Lippe glänzend, fleischig, heller grün.
Heimat: Mexiko, Panama, Venezuela und Peru.
Blütezeit: Sommer/Herbst
Kultur: Temp., halbschattig bis hell; aufgebunden. Wächst schnell, kann kräftig mit Dünger versorgt werden in der Wachstumszeit. Völlig problemlos.

Eria dasyphylla Par. & Rchb.

Merkmale: Stamm 2 cm; Blätter ca. 1,3 cm, olivgrün, stark behaart; kriechend epiphytisch wachsend; Blüten ca. 0,7 cm, grünlich gelb, Lippe heller mit zwei braunen Punkten.
Heimat: Burma, Laos, Thailand
Blütezeit: Sommer
Kultur: Temp., warm; halbschattig bis schattig. Nur vorsichtig gießen! Hohe Luftfeuchtigkeit!

Erycina diaphana Schltr.

Merkmale: Kurze beblätterte Stämme in einer zweiblättrigen Bulbe endend, Bulbe ca. 4 cm; Blätter bis 10 cm; Blütenstand gebogen, vielblütig, Farbe gelb, Sepalen dunkler oder grünlich.
Heimat: Mexiko
Blütezeit: Frühjahr
Kultur: Temp., hell; unbedingt aufbinden, nur so trocknen die Pflanzen genügend ab. In der Wachstumszeit viel Wasser geben, für Luftbewegung sorgen; in der Ruhezeit trocken halten! Frischluft!

Gomesa planifolia Klotzsch et Rchb.f.

Merkmale: Bulben schmal eiförmig, ca. 5 cm lang; Blätter ca. 15 cm lang, manchmal mehr; ledrig, dunkelgrün; Blütenstand bogig bis 25 cm, vielblütig, an einem Bulb bis zu vier Rispen. Blüten sehr klein und duftend, ca. 1,5 cm, Farbe grünlich-gelb, Lippe heller.
Heimat: Brasilien
Blütezeit: Sommer

Haraella odorata

Ionopsis paniculata

Kultur: Temp., halbschattig; aufgebunden oder im Gefäß; in der Ruhezeit trocken und hell. Wächst unproblematisch.

Haraella odorata Kudo.

Merkmale: Stamm nur ca. 2 cm lang; Blätter zweizeilig bis ca. 6 cm, sichelförmig fleischig; Blüten aus den Blattachseln; Einzelblüte bis 2 cm breit, Sepalen und Petalen grün-gelb, Lippe grüngelb, in der Mitte glänzend braun, dann braun getüpfelt, Rand gezähnt, vorn gefranst, alle Teile flaumig behaart.
Heimat: Taiwan
Blütezeit: Herbst/Winter
Kultur: Temp., warm, schattig bei hoher Luftfeuchtigkeit; am besten aufgebunden kultivieren.

Ionopsis paniculata H.B. et Kth.

Merkmale: Bulben klein, zylindrisch, nur ca. 1,5 cm; Blätter ledrig derb, ca. 10 cm; Rispen bis 50 cm, vielblütig, hellrosa violett oder weiß, Lippe mit violettem Fleck.
Heimat: Brasilien
Blütezeit: Sommer
Kultur: Warm in Wachstumszeit, hohe Luftfeuchtigkeit, aber auch Wassergaben; während Ruhezeit temp./kalt, kein oder wenig Wasser, aber Luftfeuchtigkeit. Hell bis halbschattig kultivieren; viel Frischluft, immer Luftbewegung. Am einfachsten aufbinden; Gefäßkultur in sehr durchlässigem Material und kleinem Gefäß möglich.

Isabelia pulchella Senghas & Teuscher

Merkmale: Rhizom dünn, kriechend; Bulben dünn, nur ca. 1 cm hoch; ein Blatt borstenförmig, ca. 4 cm; Blüten klein, violettrosa auf einem 5 cm langen Schaft, Lippe heller.
Heimat: Brasilien
Blütezeit: Herbst/Winter
Kultur: Temp., hell bis halbschattig; aufgebunden oder in kleinem Gefäß. Die kleinen Pflanzen sollten nie ganz trocken werden. Frischluft! Im Sommer auch im Freien zu kultivieren; dann natürlich vor Sonne schützen.

Isabelia virginalis Rodr.

Merkmale: Bulben schmal, eiförmig, nur ca. 1 cm lang, dicht stehend, mit einem Netzwerk von Fasern umgeben; Blätter einzeln, dünn bis ca. 5 cm lang; Blüten an Bulbenspitze, hellrosa-violett, Lippe weiß, Säule tiefdunkel violett.
Heimat: Brasilien
Blütezeit: Sommer
Kultur: Temp., hell bis halbschattig; aufbinden fast ohne Substrat. Pflanzen dürfen nie naß bleiben: Im Netzwerk der Bulben kann sich Feuchtigkeit lange halten. Luftfeuchtigkeit soll/kann schwanken.

Kefersteinia lojae Schltr.

Merkmale: Stämme dicht gebündelt; Blätter bis ca. 20 cm, an der Basis gefaltet; Blüten einzeln an einem kurzen Schaft, ca. 2 cm breit, grünlich-weiß mit rot-braunen Tupfen, Lippe weiß, am Rand gezähnt, vorne gefranst, flauschig behaart.
Heimat: Ecuador, Peru
Blütezeit: Frühjahr
Kultur: Temp./kalt, schattig; aufbinden; Kultur nur möglich im Gewächshaus mit Nebelwald-Orchideen. So kann man viele *Masdevallia* und *Pleurothallis* mit *Kefersteinia lojae* zusammen kultivieren.

Kefersteinia lojae

Kingidium decumbens P.F. Hunt.

Merkmale: Stamm kurz; Blätter eiförmig, länglich bis ca. 12 cm lang; Blütenstände einzeln oder mehrere, verzweigt bis 12 cm lang, Blüten klein, Sepalen und Petalen weißrosa, Lippe purpur-violett.
Heimat: Indien, Ceylon, Philippinen
Blütezeit: Sommer/Herbst
Kultur: Warm, schattig; aufgebunden; hohe Luftfeuchtigkeit. Die Blüten öffnen sich nacheinander über einen langen Zeitraum. Einzelblüten von mittlerer Haltbarkeit. Wächst nicht schwierig. (Manchmal als *Phalaenopsis decumbens* angeboten.)

Laelia bradei Pabst

Merkmale: Bulben länglich, fast rund, ca. 2 cm; Blätter ebenfalls rundlich, ca. 6 cm; Lithophyt; die gesamte Pflanze hat einen sukkulenten Habitus; Blütenstand nur wenig über dem Blatt, 1–2blütig, Farbe ockergelb, Lippe ebenfalls gelb, ca. 2 cm breit.
Heimat: Brasilien
Blütezeit: Herbst
Kultur: Temp., bei möglichst niedrigen Nachttemperaturen, Sommer und Winter hell, evtl. im Freien über die Monate Juni bis August. Kultur im Gefäß, hoher Blähtonanteil im Substrat. Die Pflanzen sind Hungerkünstler: wenig düngen!

Laelia crispata syn. *rubescens*

Laelia crispata syn. *rubescens* Lindl.

Merkmale: Bulben abgeflacht, gepreßt, häufig gefurcht, bis ca. 6 cm; ein Blatt, ledrig, ca. 15 cm; Blüten an einem Schaft bis 30 cm, jeweils 8 bis 12, Durchmesser ca. 6 cm, weiß bis weißrosa, Lippe purpurn genervt. Pflanzen und Blüten sehr variabel.
Heimat: Mexiko
Blütezeit: Herbst
Kultur: Temp., hell; aufgebunden oder im Gefäß. Wenn nicht zuviel gegossen wird, machen die Pflanzen überhaupt keine Schwierigkeiten.

Laelia esalquena Blum.

Merkmale: Beschreibung wie *L. bradei;* Blüten ca. 3 cm, ebenfalls gelb, sehr breite Blütenblätter.
Heimat: Brasilien
Blütezeit: Sommer
Kultur: Wie *L. bradrei* (s. S. 69).

Laelia liliputiana Pabst.

Merkmale: Bulben des Lithophyten rund, länglich nur ca. 1 cm; Blätter rötlich bis ca. 2 cm dick, fleischig; Blütenschaft ca. 3 cm, einblütig, ca. 3 cm breit, rosalila, Lippe mit gelbem, kontrastreichem Schlund.
Heimat: Brasilien
Blütezeit: Frühjahr/Sommer
Kultur: Wie *L. bradei,* aber noch heller; relativ schwierig!

Laelia lundii Rchb. f. & Warming.

Merkmale: Epiphytisch wachsend; Bulben bis ca. 4 cm länglich, rundlich etwas zusammengepreßt; zwei Blätter am Gipfel, dünn, bis 9 cm lang, spitz auslaufend; Blüten unter den Blättern am Schaft, 1–2 Blüten, ca. 4 cm breit, weißlich, Lippe sehr schön purpurn geadert.
Heimat: Brasilien
Blütezeit: Frühjahr
Kultur: Temp. oder kühl, immer hell; aufgebunden oder im Gefäß; hohe Luftfeuchtigkeit. Wächst leicht, sehr anpassungsfähig.

Laelia milleri Blum.

Merkmale: Lithophytisch wachsend; Bulben bündelig, länglich, fast rund, rötlich gefärbt, bis 6 cm lang; Blätter ca. 10 cm, hell, purpurn gefärbt, ledrig; Blütenstand aufrecht bis ca. 40 cm, 5 bis 6 Blüten, etwa 5 cm breit, leuchtendrot, Lippe orangerot, am Vorderlappen gelb-orange.
Heimat: Brasilien
Blütezeit: Frühjahr/Sommer
Kultur: Temp., in der Ruhezeit auch zu den kalt wachsenden Orchideen, vor allen Dingen muß diese schöne

Orchidee hell kultiviert werden. Am einfachsten im extrem kleinen Gefäß, mit Blähton (Hydro-Blähton). Mit Dünger vorsichtig sein! Unbedingt jedoch an Eisen-Versorgung denken (GABI Micro-Fe).

Laelia pumila Rchb.f.

Merkmale: Epiphytisch wachsend, Bulben relativ klein, nur ca. 2 cm, länglich eiförmig; einblättrig, Blätter 10 cm lang, schmal, ledrig, grün bis rötlich; 1–2blütig, apical, Blütenstand bis ca. 10 cm, Einzelblüte bis 11 cm breit, rosa-lila, Lippe mit weißem Schlund, dunkelpurpurner Rand und Vorderlappen.
Heimat: Brasilien
Blütezeit: Herbst
Kultur: Temp., halbschattig bis hell; ob aufgebunden oder im Gefäß ist hierbei nicht wichtig; die Pflanzen bevorzugen immer hohe Luftfeuchtigkeit – mehr als bei *Cattleya* üblich! Der Wachstumsrhythmus ist unbedingt einzuhalten. Reichlich Wasser und Nährstoffe mit dem Austrieb bis zur Reife! Dann Ruhezeit einhalten. Von *Laelia pumila* sind zwei Varietäten im Handel bzw. in den Sammlungen, die häufig auch als Arten beschrieben sind:

Laelia pumila var. Dayana und *L. pumila* var. praestans. Bei ersterer ist die dunklere Farbe der Blütenblätter und vor allen Dingen die intensive Zeichnung der Lippe und des Vorderlappens zu erwähnen. Bei *Laelia pumila* var. *praestans* sind die Blütenblätter leuchtend dunkelrosa, die Lippe hat purpurn gefärbte Ränder und einen gelben Schlund.

Unabhängig von der Frage, ob es sich nun um Arten oder Varietäten handelt, sind beide wie die „normale" *Laelia pumila* zu behandeln.

Alle Formen sind für den Orchideenfreund Edelsteine einer Sammlung. Das gilt auch für viele Hybriden mit *Laelia pumila*. Als Beispiel mag *Sophrolaelia Orpetii (Laelia pumila X Sophronites coccinea)* gelten. Erst seit man „Minis" schätzt, wird hier etwas getan, früher wurde nur wenig gekreuzt, weil *L. pumila* nur eine, höchstens zwei Blüten entwickelt.

Rechts: *Laelia millerii*

Unten: Laelia lundii

Laelia sincorana Schltr.

Merkmale: Der vorgenannten Art nicht unähnlich, nur sind die Bulben rundlich, sehr eng gestaffelt; Blätter ledrig bis ca. 6 cm lang; die Blüten ca. 7 cm breit, hellrosalila, Lippe im Schlund weiß mit purpurnen Schwielen.
Heimat: Brasilien
Blütezeit: Frühjahr
Kultur: Wie bei *Laelia pumila* beschrieben, am einfachsten aufgebunden zu kultivieren.

In ihrer Heimat wachsen die Pflanzen an Vellozia-Büschen, einer typischen Pflanze der brasilianischen Trockengebiete, sie brauchen also Licht!

Übrigens wurde diese Art schon 1917 beschrieben, blieb aber bis 1975 verschollen.

Sophrolaelia Orpetti (L. pumila X Sophr. coccinae)

Lanium avicula Benth.

Merkmale: Kleiner kriechender Epiphyt mit kräftigem Rhizom; Stämme (Bulben) bis 3 cm lang, rundlich; an der Spitze zwei bis drei Blätter, ebenfalls ca. 3 cm lang, weich, etwas dicklich; Blütenrispen vielblütig, verzweigt, grün, gelb- oder braungrün, Petalen rosagelb überhaucht, Lippe hellgrüngelb. Blütendurchmesser ca. 1,2 cm.
Heimat: Brasilien/Peru
Blütezeit: Sommer
Kultur: Temp., halbschattig; aufgebunden oder im Gefäß; in der Wachstumszeit sollte sie niemals trocken werden, was sie in der Ruhezeit dagegen sehr gut verträgt. Die Unterlage sollte für viele Jahre Platz bieten. Erst große Exemplare mit vielen Blüten lassen die Art wirkungsvoll erscheinen.

Lepanthes Sw.

Zur Gattung: Ähnlich wie bei *Bulbophyllum* will ich auch der Vielfalt der *Lepanthes*-Arten durch eine gesonderte Einführung Rechnung tragen. Das Gleiche gilt später für *Masdevallia, Pleurothallis* und *Restrepia.*

Die Gattung *Lepanthes* ist enorm vielfältig: Etwa 120 Arten sind bis heute beschrieben. Einige der typischen Gattungsmerkmale, wie z. B. die tütenförmigen Blattscheiden an dem wie ein Blattstiel aussehenden Sproß oder die mehr oder weniger an der Basis vereinigten Sepalen, finden sich auch bei den Gattungen *Pleurothallis* und *Restrepia.* Daher wird es nicht verwundern, daß viele *Lepanthes*-Arten als *Pleurothallis*- oder *Restrepia*-Arten in den Sammlungen auftauchen. Erst in der letzten Zeit versuchen die Systematiker die Gattungen neu zu gliedern.

Lepanthes finden sich in höheren Lagen der Gebirge in Mittel- und Südamerika. Hier wachsen sie als Epi- und/oder Lithophyten. Sie sind meist büschelig mit nur kurzen Rhizomen. Die Blütenstände wachsen aus den Blattachseln, einzeln oder vielblütig, immer, wenn auch manchmal winzig, interessant in Form und Farbe. Manche sind gelb, viele grün, rot, gestreift, gepunktet, bewimpert oder mit längeren Schwänzen an den Petalen.

Allen gemeinsam (entsprechend der Herkunft) ist das Bedürfnis, niemals trocken zu werden, auch in der Ruhezeit nicht. Für aufgebundene Exemplare kommen also nur Standorte mit sehr hoher Luftfeuchtigkeit in Frage. Pflanzen im Gefäß müssen in durchlässigem Material kultiviert werden, das Staunässe ausscheidet. Trotz der ledrigen Blätter einiger Arten können alle halbschattig gehalten werden. Die genaue Herkunft wird dem Kultivateur nur in den seltensten Fällen bekannt sein. Daher Kultur aller Arten im temp. bis kühlen Raum. Im Sommer bei Wärme, sogar mehrmals täglich übersprühen.

Lepanthes-Arten lassen sich leicht durch kleine Pflanzen (Kindel) an den Sprossen und durch Teilung vermehren.

Oben: *Masdevallia prodigiosa*

Unten links: *Masdevallia abbreviata*
Unten rechts: *Pleurothallis spec.*

Leptotes bicolor Lindl.

Merkmale: Kleiner Epiphyt mit kriechendem Rhizom; Stämme mehr oder weniger kurz, zylindrisch verdickt, bis 3 cm lang; Blätter ebenfalls verdickt, fast rund, gefurcht, bis ca. 10 cm lang, Blätter dunkelgrün gefärbt; Blüten an einem kürzeren Blütenstand zwischen den Blättern, meist zwei- manchmal dreiblütig, Blüten lang gestielt, weiß oder weißlichgrün, Lippe weiß oder grünlichweiß mit purpurnem Mittellappen, ca. 5 cm breit.
Heimat: Brasilien
Blütezeit: Frühjahr
Kultur: Temp., trotz des fast sukkulenten Charakters, bevorzugen sie einen halbschattigen Standort; aufgebunden lassen sie sich leichter als im Gefäß kultivieren. Vorsichtig wässern! Unbedingt Ruhezeit beachten! Werden die Blätter lang und dünn, helleren Standort finden!

Leptotes tenuis Rch.f.

Merkmale: Kleine epiphytische Art; Merkmale wie bei der vorgenannten, nur zierlicher, Blüten ca. 1,5 cm breit, meist Sepalen, Petalen und Lippe breiter, weißgrünlich, manchmal rosa überhaucht.
Heimat: Brasilien
Blütezeit: Sommer
Kultur: Wie bei *L. bicolor,* verträgt aber auch wärmere Kultur.

Links:
Leptotes bicolor, leicht zu kultivieren, wenn man vorsichtig wässert!

Masdevallia caudata,
leicht zu kultivierende Art.

Leptotes unicolor Barb. Rodr.

Merkmale: Ebenfalls wie *L. bicolor,* nur dicker in den Stämmen und Blättern, dabei kurz und hängend; Blüten zweiblütig, rosa oder weißrosa, ca. 2 cm breit.
Heimat: Brasilien
Blütezeit: Frühjahr
Kultur: Wie *L. bicolor.*

Masdevallia Ruiz et Pav.

Zur Gattung: Kleine bis mittelgroße Epiphyten mit kriechenden Rhizomen, aufrechten Stämmen und mit je einem Blatt; Blütenstand aufrecht oder hängend, meist mehr-, selten einblütig; Blütenfarbe in der Regel auffällig, Sepalen meist zu einer Röhre verwachsen. Die Gattung *Masdevallia* birgt wahre Schätze an Zwergorchideen. Eine Sammlung nur mit dieser Gattung würde ausreichend Abwechslung in jedes Zimmer bringen.

Die Mehrzahl der Arten ist kalt, bei hoher Luftfeuchtigkeit zu kultivieren. Ehe die Technik (Luftbefeuchtung durch Nebelanlagen mit Druckluft usw.) eine Verbesserung der Kulturmöglichkeiten brachte, galt die Gattung als extrem schwierig zu pflegen. Dabei wurde dann leicht übersehen, daß in der Gattung auch wärmer wachsende Arten vertreten sind. Wer also keine Spezialsammlung der „Nebelwaldflora" aufbauen will, braucht auf Pflanzen der Gattung trotzdem nicht zu verzichten. Aus diesem Grund sind auch hier nur wärmeliebende Arten (Temp./warm) einzeln genannt. Für die Mehrheit, also die hier nicht einzeln aufgeführten gelten nachfolgende Kulturbedingungen in Kurzform:

Temperatur am Tag 10 bis 20 °C, nachts 8 bis 14 °C; Luftfeuchtigkeit möglichst immer zwischen 70 und 90 %. Schattig, niemals direkte Sonne. Viel Luftbewegung zu jeder

Tages- und Jahreszeit. Pflanzen immer feucht, nie naß! Vorsichtig und mäßig düngen! Frischluft auch im Winter.

Masdevallia abbreviata Rchb.f.

Merkmale: Blätter ca. 10 cm hoch; Schaft mit 6 bis 8 Blüten ca. 15 cm hoch, Blüten ungefähr 2 cm lang, weißlich-gelb, rot gefleckt, Sepalen mit gelben ca. 1,5 cm langen Schwänzen, Lippe gelb.
Heimat: Peru, Ecuador
Blütezeit: Herbst
Kultur: Temp., schattig; am besten im Gefäß kultivieren, hohe Luftfeuchtigkeit; durchlässiges Substrat, nie trocken. Bei Verwendung von Fensterschalen auch Kultur in nicht zu warmen Zimmern möglich.

Links: *Masdevallia floribunda*
Rechts: *Masdevallia glandulosa*, eine Schönheit im Duft.

Masdevallia bicolor Poepp & Endl.

Merkmale: Blätter mit Stiel ca. 10 cm hoch; Blütenschaft mit 2 bis 3 Blüten ca. 20 cm, obere Sepale gelb-weiß mit einem 3 cm langen Schwanz, seitliche Sepalen purpurbraun, in kürzeren Schwänzen endend, Blüten eindrucksvoll.
Heimat: Peru, Kolumbien, Ecuador, Venezuela
Blütezeit: Frühjahr
Kultur: Temp., warm; aufgebunden oder im Gefäß; ohne Probleme bei gleichmäßiger Feuchtigkeit; Schatten und viel Frischluft!

Masdevallia floribunda Lindl.

Merkmale: Blätter bis 12 cm hoch; Blütenschaft hängend, bis 8 cm lang, einblütig; Blüten braungelb, weißgelb mit dunkleren braunroten Punkten, obere Sepale mit einem ca.

Deutlich sichtbar die enge Verbindung zu *Pleurothallis*.

2 cm langen Schwanz gelblich oder weiß, manchmal rotbraun, untere Sepalen und Schwanz ca. 1 cm, braunrot.
Heimat: Zentralamerika
Blütezeit: Sommer/Herbst
Kultur: Temp., warm; aufgebunden oder in kleinem Gefäß. Viel Frischluft, hohe Luftfeuchtigkeit. Keine Probleme!

Masdevallia glandulosa Kgr.

Merkmale: Pflanze bis 13 cm hoch; Blätter 7 cm lang; Blütenschaft ca. 5 cm, einblütig, Blütenlänge 2 cm, Sepalen mit jeweils 3 cm langen rötlich purpurnen Schwänzen, Blüten rosapurpurn, gelblich im Inneren, rotpurpurn gepunktet.
Heimat: Peru
Blütezeit: Winter
Kultur: Warm/temp.; aufgebunden oder im Gefäß. Kultur einfach, wenn

man das für alle *Masd.* Wichtige beachtet: Luftfeuchtigkeit, Schatten, Frischluft, niemals trocken! Für mich, nicht zuletzt wegen des Duftes, eine der schönsten Arten.

Masdevallia infracta Lindl.

Merkmale: Pflanzen bis 18 cm hoch; Blätter dunkelgrün, ledrig; Blütenstand bis 25 cm lang, 1–5blütig, glockig, innen violettrosa bis braun, außen gelblichbraun, Sepalenfortsätze ca. 1 cm, gelblichweiß.
Heimat: Brasilien, Peru
Blütezeit: Sommer
Kultur: Temp./warm, halbschattig; aufgebunden oder im Gefäß; ansonsten wie *M. glandulosa.*

Masdevallia strobelii Sweet & Garay.

Merkmale: Blätter nur ca. 4 cm lang; Schaft ca. 3 cm; Einzelblüten, gelborange, Fortsätze der Sepalen dünn, 3,5 cm lang, innen weißgelb behaart.
Heimat: Ecuador
Blütezeit: Winter
Kultur: Warm/temp.; aufgebunden oder im Gefäß; reichblühend; ansonsten wie vorgenannte.

Maxillaria juergensii Schltr.

Merkmale: Bulben büschelig, ca. 1 cm, zylindrisch, 2blättrig; Blätter bis 3 cm lang, rundlich. Blütenstand aufrecht, nur 2 cm hoch, Blüten einzeln, rotbraun, fleischig, ca. 2 cm breit. Duft! Lippe im Schlund heller, sonst braun.
Heimat: Brasilien
Blütezeit: Herbst

Kultur: Temp., halbschattig bis hell; aufgebunden oder in sehr kleinem Gefäß. Pflanzen breiten sich wie viele andere *Maxillaria* grasartig aus. Kultur ohne Probleme. Ruheperiode unbedingt beachten. Auf Spinnmilben achten (sie sind nur schwer zu entdecken)!

Maxillaria rufescens Lindl.

Merkmale: Sehr variabel in Größe und Blütenfarbe; Bulben im Abstand von 2 cm, zylindrisch, zusammengedrückt, bis 4 cm lang; ein Blatt, von 2 bis 5 cm Länge, dunkelgrün, ledrig; Blütenstand grundständig von 3 bis 7 cm lang, einblütig, Blüten 2,5 bis 4 cm breit, braunrot bis gelblichgrün, braun oder rot getüpfelt, Lippe dreilappig unterschiedlich gefärbt. Duft!
Heimat: Brasilien, Kolumbien, Peru, Mittelamerika und westindische Inseln.
Blütezeit: Winter
Kultur: Temp; diese Art wird meist in Regenwäldern angetroffen. Trotz der weiten Verbreitung haben alle Pflanzen die unproblematische Kultur gemeinsam. Richtig wirkungsvoll sind erst größere Exemplare.

Oben: *Masdevallia strobelii*

Unten: *Maxillaria rufescens*

Maxillaria sophronites

Maxillaria sophronites Garay.

Merkmale: Kriechender Epiphyt mit relativ langen Rhizomen; Bulben nur 1,2 cm lang, breit, eiförmig grün oder grünbraun, unten mit zwei beblätterten Scheiden, oben einblättrig; Blätter ca. 2 cm. Blüten auffällig, rot-orange, bis 2 cm breit, Lippe ebenfalls rot, am Rande jedoch gelb.
Heimat: Venezuela
Blütezeit: Winter
Kultur: Temp., halbschattig; aufgebunden, im Gefäß durch die langen Rhizome schwierig. Eine sehr schöne Miniaturorchidee, leider gar nicht häufig in Kultur, obwohl sie keine Schwierigkeiten macht. Sie wächst fast immer, jedoch benötigt sie etwas niedrigere Temperaturen zur Induktion.

Maxillaria variabilis Lindl.

Merkmale: Nicht nur im Habitus, auch in der Wachstumsweise finden sich hier unterschiedliche Pflanzen; epiphytisch, lithophytisch und terrestrisch wachsende Pflanzen; Bulben mal eng, mal weiter stehend, von 2 bis 4 cm Größe, rundlich, zylindrisch, aber auch eiförmig, unten mit mehreren Blattscheiden, oben einblättrig; Blätter bis 15 cm lang, meist kleiner; Blütenschaft bis 5 cm, einblütig, Blüten bis 3 cm breit, grüngelb, gelb, braungelb, braun oder sogar rotbraun, Lippe an der Basis weiß, sonst rotbraun gefleckt auf gelbem, grüngelbem oder hellbraunem Grund.
Heimat: Mexiko bis Panama
Blütezeit: Über das Jahr verteilt
Kultur: Temp., kalt, halbschattig, schattig oder auch hell zu kultivieren; aufgebunden, aber auch in flachen Schalen; anspruchslos; sowohl für Terrarien, Vitrinen, Zimmer oder Gewächshäuser geeignet!

Mediocalcar J.J.Sm.

Merkmale: Gattung, bei der, wenn überhaupt, meistens nur Pflanzen unter der Bezeichnung *M.* spec. angeboten werden. Meist klein, längliche oder runde Bulben, aus einem kräftigen Rhizom; bis zu vier Blättern, schmal; Blüten glockenartig, rot, gelb mit weißem oder grünem Rand.
Heimat: Papua-Neuguinea
Blütezeit: Herbst/Winter
Kultur: Kalt, feucht, schattig; aufbinden mit Moos; ganzjährig hohe

Maxillaria variabilis

Mediocalcar spec.

Luftfeuchtigkeit, lassen sich gut mit den kühlen *Masdevallia* zusammen kultivieren. Keine direkte Ruhezeit, immer feucht. Blütezeit über mehrere Wochen: ein echtes Erlebnis! Achten Sie darauf, daβ Sie nur Sämlinge erwerben! Diese Pflanzen dürfen nicht importiert werden.

Meiracyllum wendlandii Rchb.f.

Merkmale: Auf kräftigem Rhizom epiphytisch wachsend, fast kriechend; Blätter sitzend, ca. 5 cm lang, ledrig, dunkelgrün; aus der Basis neuer Blätter erscheinen die bis 2 cm breiten Blüten; sie sind rosalila, die Lippe purpurn mit hellerem Rand und purpurnen Nerven.
Heimat: Mexiko und Guatemala
Blütezeit: Winter
Kultur: Temp., hell mit viel Frischluft; am einfachsten aufgebunden (wenig Substrat). In der Ruheperiode wirklich trocken lassen.

Mexicoa ghiesbreghtiana Garay.

Merkmale: Kleine, den *Oncidium*-Arten ähnliche Pflanzen; Bulben gepreβt, rundlich, eng am Rhizom, bis 4 cm lang, apical; zwei Blätter bis 10 cm; Blütenschaft aus der Basis der Bulben, ca. 15 cm lang, drei bis acht Blüten, ca. 3 cm breit, Sepalen und Petalen bräunlichrot, Lippe gelb.
Heimat: Mexiko
Blütezeit: Frühjahr
Kultur: Temp./kalt, jedoch Mindesttemperatur 10 °C, halbschattig bis hell; aufgebunden oder in flachen,

Unten: *Meiracyllium wendlandii*

kleinen Schalen. In der Wachstumsphase viel Wasser und ausreichende Ernährung, in der Ruhezeit hohe Luftfeuchtigkeit, wenig Wasser im Gefäß.

Nageliella purpurea L.O.Williams.

Merkmale: Büscheliger Epiphyt; Stämme ca. 6 cm; Blätter verdickt, ledrig, auffällig purpurn gefleckt, ca. 8 cm lang; Blüten klein, an einem bis zu 40 cm langen Schaft, purpurrot (ca. 1 cm breit), Blüten erscheinen auch an älteren Schäften.
Heimat: Mexiko, Guatemala, Honduras
Blütezeit: Sommer
Kultur: Temp., hell bis halbschattig; aufgebunden verlangen sie viel Feuchtigkeit; Nährstoffe und Frischluft in der Wachstumszeit. Früh entwickelt sich der Blütenschaft, der über mehrere Monate heranwächst. Nach Abschluß des Wachstums wenig Wasser.

Nanodes schlechterianum

Merkmale: Kleiner kriechender Epiphyt; Blätter zweizeilig, fleischig, ledrig, dunkelgrün bis bräunlich, Blütenstand endständig 1- bis 3blütig, grünlichbraun, wenig auffällig, auf der Lippe zwei kastanienbraune glänzende Flecken.
Heimat: Mexiko, Panama, Venezuela, Brasilien, Peru
Blütezeit: Frühjahr/Sommer
Kultur: Weniger die Blüte, eher der interessante Habitus der Pflanze macht sie kulturwürdig. Temp., halbschattig; vor allem aufgebunden (wenig Substrat verwenden!). Vorsichtig wässern, in der Ruhezeit fast ganz trocken halten! Wenn die Blätter weich werden, ist Vorsicht geboten. Bei Lichtmangel faulen die Pflanzen schnell: Sofort helleren Standort geben. Sonst unverwüstlich (auch als *Epidendrum schlechterianum* und als *Nanodes discolor* angeboten)!

Neofinetia falcata H.H.Hu.

Merkmale: Stamm bis 15 cm; Blätter zweizeilig, bis 10 cm lang, ledrig fleischig, dunkelolivgrün; Blütenschaft aus der Blattachsel, traubig, mehrblütig; Einzelblüten bis zu 3 cm breit, weiß, nachts duftend, Sporn fast 4 cm lang.
Heimat: Japan, Korea
Blütezeit: Sommer/Herbst
Kultur: Temp., kalt, halbschattig; aufgebunden, im kleinen Gefäß oder Korb. Fast immer feucht, wobei die Wachstumszeit natürlich mehr Wasser verlangt. Die Temperatur in der Ruhezeit darf bis 10 °C abfallen, wobei die Pflanzen dann selbstverständlich trocken gehalten werden.

Notylia bicolor Lindl.

Merkmale: Bulben zusammengedrückt, scheibenartig; Blätter schwertförmig, bis 3 cm lang, fleischig; Blüten sehr zart, an einer bis zu 10 cm langen Traube, vielblütig, Einzelblüte ca. 1 cm breit, weißlichlila oder mit lila Flecken, Lippe mit zwei dunkellila Flecken.
Heimat: Mexiko, Guatemala bis Guinea

Nageliella purpurea

Heimat: Mexiko und Guatemala
Blütezeit: Winter
Kultur: Temp., kalt, halbschattig oder schattig; aufgebunden, meistens im Gefäß oder Korb. In der Wachstumszeit reichlich mit Wasser und Dünger versorgen, in der Ruhezeit trockener halten, jedoch niemals ganz trocken.

Odontoglossum rossii Lindl. jetzt: *Lemboglossum rossii* Halbinger.

Merkmale: Ähnlich der vorgenannten; Bulben eiförmiger, weniger gepreßt; Blüten weiß oder bleichrosa, bis 8 cm breit, Sepalen und der untere Teil der Petalen rotbraun gefleckt, Schwiele auf der Lippe gelb mit braunroten Punkten.
Heimat: Mexiko, Guatemala und Nicaragua
Blütezeit: Winter
Kultur: Wie bei *Odm. cervantesii* beschrieben.

Blütezeit: Sommer
Kultur: Temp., halbschattig, besser lichter Schatten, also eher hell. Kultur eigentlich nur aufgebunden möglich. Immer Luftbewegung. Auch in der Wachstumszeit nicht zu naß, jedoch niemals trocken. Temperatur in der Ruhe bis 14 °C.

Odontoglossum cervantesii Lexarza. jetzt: *Lemboglossum cervantesii* Halbinger.

Merkmale: Diese und die folgenden beiden Arten der Gattung *Odontoglossum* sind eigentlich inzwischen in eine andere Gattung versetzt. Um aber der gärtnerischen Praxis Rechnung zu tragen, also einen Erwerb zu ermöglichen, nehme ich sie hier als *Odontoglossum* auf.

Bulben bis 5 cm, eiförmig, gepreßt, am Gipfel ein Blatt; Blatt ca. 10 cm lang; Blütenstand hängend, bis 30 cm lang mit 3 bis 6 Blüten; Einzelblüten bis 5 cm breit, Grundfarbe weiß, manchmal rosa, am Grund der Sepalen und Petalen unterbrochene braune Querstreifen, Lippe ebenfalls weiß mit purpurnem Querband.

Oben: *Notylia bicolor*

Rechts: *Odontoglossum rossii*

Odontoglossum stellatum

Oncidium barbatum Lindl.

Merkmale: Auch bei der Gattung *Oncidium* hat es Namensänderungen gegeben. Im Laufe der Jahrzehnte sind hier über 1 100 Arten beschrieben worden. Jetzt versucht man kleinere Einheiten neu zu definieren. Die Namen der folgenden *Oncidium*-Arten sind also teilweise nicht mehr gültig.

Bulben eiförmig zusammengepreßt, ca. 4 cm lang, am Gipfel einblättrig; Blatt nur ca. 8 cm lang; Blütenschaft bis 50 cm, verzweigt, Blüten locker, Einzelblüte ca. 2,5 cm breit, Blütenblätter gelb mit braunen Flecken, Lippe flach, 2 cm breit, heller gelb, Schwiele rot getüpfelt.
Heimat: Brasilien
Blütezeit: Frühjahr
Kultur: Temp., halbschattig; aufgebunden und im Topf. Ob im Zimmer, in der Vitrine oder im Terrarium, die Art wächst überall. Wachstum durch Wasser und Dünger fördern. Während der Ruhezeit trocken.

Oncidium bifolium Sims.

Merkmale: Wie die vorgenannte, nur alles zierlicher!
Heimat: Brasilien, Uruguay, Argentinien und Bolivien
Blütezeit: Winter
Kultur: Wie *Onc. barbatum*, allerdings trocknere Ruhezeit; am besten aufgebunden kultivieren.

Odontoglossum stellatum Lindl.

Merkmale: Oval, längliche nur 3 cm lange Bulben; einblättrig; Blatt bis 5 cm lang, Blüten einzeln, selten zwei auf einem 5 cm langen Schaft aus der Basis der Bulben, Blüten bis 3 cm, schmal, weißlichbraun oder rosabraun, im unteren Teil der Sepalen und Petalen bräunlich gepunktet oder geflammt, Lippe breit, rund, weiß, purpurne Nerven, am Grunde rosalila, Schwiele purpur.
Heimat: Mexiko, Guatemala und Venezuela
Kultur: Temp., bis kalt, halbschattig/schattig; aufgebunden möglich, leichter im Gefäß zu kultivieren; eigentlich eine typische Nebelwaldorchidee, jedoch sehr anpassungsfähig. Darf nie ganz trocken werden.

Oncidium cheirophorum Rchb.f.

Merkmale: Bulben rundlich, nur 2,5 cm lang, einblättrig; Blatt an der Spitze 10 cm lang; Blütenstand bis 20 cm, Rispen, vielblütig, duftende Einzelblüte, 1,5 cm breit, goldgelb, Lippe ebenfalls gelb.
Heimat: Panama und Kolumbien
Blütezeit: Winter
Kultur: Kalt/temp., halbschattig bis schattig; aufgebunden im Gewächshaus, in der Vitrine oder im Terrarium. Im Gefäß für Zimmerkultur. Blüht ohne Ansprüche zuverlässig.

Oncidium concolor Hook

Merkmale: Bulben schmal, länglich ca. 3 cm lang, zweiblättrig; Blätter ca. 10 cm lang; Blütenstand des Epiphyten bogig aus der Bulbenbasis, bis 20 cm lang, mehr oder weniger vielblütig. Einzelblüte bis 3 cm breit, zitronengelb, Lippe auch gelb.
Heimat: Brasilien
Blütezeit: Sommer
Kultur: Temp., verträgt aber auch wärmere Standorte, halbschattig bis schattig; aufgebunden oder in kleinen Gefäßen. In der Wachstumszeit reichlich düngen, Ruhezeit nicht zu streng.

Von dieser Art werden häufig Sämlinge angeboten, diese sind bis zur ersten Blüte unbedingt warm und halbschattig zu halten.

Oncidium dasystele Rchb.f.

Merkmale: Im Habitus kaum von *Oncidium concolor* zu unterscheiden; Sepalen und Petalen länglich, spitzer, gelb mit brauner Sprenkelung, Lippe mit brauner zweilappiger Schwiele, am Rande behaart.
Heimat: Brasilien
Blütezeit: Frühjahr/Sommer
Kultur: Wie bei *Onc. concolor* angegeben.

Oncidium edwallii Cogn.

Merkmale: Bulben kreisrund, ca. 2,5 cm hoch, einblättrig; glatt bis ca. 12 cm lang, Blätter und Bulben graugrün; epiphytisch wachsend; Schaft aufrecht, bis 25 cm lang; vielblütig, verzweigte Rispen, Einzelblüte im Durchmesser ca. 1,5 cm, Sepalen und Petalen in gelbgrüner Grundfarbe, braun gesprenkelt. Lippe zitronengelb, weiße Schwielen.
Heimat: Brasilien
Blütezeit: Sommer
Kultur: Temp. bis warm, sehr temperaturtolerant, halbschattig bis hell; die Pflanzen können aufgebunden oder im Gefäß kultiviert werden. Sie sollten sehr vorsichtig gegossen werden. Wichtig ist immer eine gute Drainage. Eigentlich werden sie viel zu wenig angeboten, da sie auch in der Zimmerkultur keine Schwierigkeiten bereiten.

Oncidium globuliferum H.B.K.

Merkmale: Kleiner Epiphyt mit biegsamem Rhizom, Abstand der Bulben weit, Bulben ca. 2,5 cm lang, einblättrig, bis 6 cm lange Blätter. Durch die langen Rhizome entsteht ein „Gewirr" von vielen Einzelpflanzen, die sich bis zu 15 cm Länge ausbreiten können. Einzelblüten an einem ca. 9 cm langen Schaft, bis 3 cm breit, schwefelgelb, mit mehr oder weniger roten Tüpfeln.
Heimat: Kolumbien, Venezuela, Costa Rica und Panama

Oncidium dasystele

Blütezeit: Herbst
Kultur: Schattig, warm und feucht, dabei gute Drainage; einfach zu pflegen! Wenn man sie an irgend einer Stelle im Rhizom teilt, wächst sofort eine neue, selbständige Pflanze.

Oncidium harrisonianum Lindl.

Merkmale: Alles was zu *Oncidium edwallii* gesagt wurde, trifft hier ebenfalls zu. Die Unterschiede sind im Habitus gar nicht, in der Blüte nur in der breiteren Lippe und der dunkleren (braun!) Zeichnung in Sepalen und Petalen feststellbar.
Heimat: Brasilien
Blütezeit: Frühjahr
Kultur: Siehe vorgenannte.

Oncidium henekenii Schomburgk & Lindl.

Merkmale: Diese Pflanze gehört zu den sogenannten „variegaten Oncidium". Der Habitus der Pflanzen-Gruppe soll hier einmal stellvertretend beschrieben werden. Später wird jeweils nur darauf hingewiesen.

Epiphytisch wachsend; Bulben kaum erkenntlich am Gipfel mit einem verkümmerten Blatt. Umgeben von mehreren ziegelartig angelegten Scheiden. Diese tragen die Blätter; Blätter häufig dreieckig mit fein gesägten Blatträndern. Ihre Länge ist je nach Art unterschiedlich, selten aber über 12 cm. Die Blattfarbe variiert von hellgrün zu purpurgrün.

Bei *Oncidium henekenii* sind die Blätter grün, bei hohem Lichtgenuß rötlich, ca. 10 cm lang. Die Blüten dieser schönen Art sind „bienenähnlich" (damit weicht sie von den anderen „variegaten Oncidium" ab und wird manchmal als eigene Gattung geführt), vergleichbar mit europäischen Orchideen der Gattung *Ophrys*.

Ca. 2 cm breit, erblühen sie an einem Blütenstand nacheinander. Die Lippe ist purpurbraun, die übrigen Blütenblätter grünlich.
Heimat: endemisch auf der Insel Hispaniola
Blütezeit: Sommer
Kultur: Warm, hell, denn diese schöne Orchidee wächst in sehr trockenen Gebieten, mit gleichmäßig warmen Temperaturen. Unbedingt aufbinden. Wichtig ist es, den Blütenstand nicht abzuschneiden, weil eine Blüte nach der anderen erblüht, bis zu 10, selten mehr Blüten sind möglich. Niemals naß, jeden Morgen mäßig übersprühen.

Oncidium limminghei Lindl.

Merkmale: Kleiner kriechender Epiphyt; eng stehende Bulben auf meist verzweigtem Rhizom, ca. 2 cm lang, flach 1,5 cm breit; ein Blatt am Gipfel, ca. 3 cm lang, eiförmig, hellbraungrün mit kastanienbraunen Flecken; Blütenstand bis 10 cm lang, zwei bis drei Blüten, diese bis 4 cm im Durchmesser, Sepalen gelb mit brauner Zeichnung oder bräunlich grün, Petalen braunrot mit gelblichbraunen Querbändern, Lippe gelb, braun getüpfelt.
Heimat: Brasilien, Venezuela
Blütezeit: Sommer/Herbst
Kultur: Temp., halbschattig; nur aufgebunden zu kultivieren. Wenig Substrat verwenden! Die Pflanzen benötigen hohe Luftfeuchtigkeit, auch in der Ruhezeit! Jedoch muß immer Luftbewegung und Frischluft geboten werden.

Oncidium longipes Lindl. & Paxt.

Merkmale: Bulben gebüschelt angeordnet, ca. 2 cm lang, schmal eiförmig oder länglich; Rhizom sehr dick; Blätter am Gipfel, ein- oder zweiblättrig, bis 12 cm lang. Blütenstand aufrecht, bis 12 cm lang, meist zwischen 2 und 5 Blüten. Diese sind länglich, ca. 2 cm breit und 3 cm hoch, Sepalen und Petalen braungrün mit gelben Schlieren und gelber Spitze, Lippe kanariengelb, auf der Schwiele rotbraun getüpfelt.
Heimat: Brasilien
Blütezeit: Sommer/Herbst
Kultur: Temp., aber auch wärmer, halbschattig und hell; aufgebunden oder im Gefäß. Wichtig ist ausreichende Frischluft! Die Pflanzen wachsen leicht. Anpassungsfähig in jeder Hinsicht; ideal für alle Vitrinen und Terrarien, die genügend Luftbewegung und Frischluft aufweisen. Ruhezeit braucht nicht ausgeprägt sein.

Oncidium nanum Lindl.

Merkmale: Bulben klein, ca. 1 cm, später mit dem Blatt verwachsend; Blätter hellgrün, fleischig, ledrig, ca. 12 cm lang, manchmal braunrot getüpfelt; Blütenstand bis 20 cm lang, rispig, vielblütig, Einzelblüte nur 1,5 cm breit, Blütenblätter gelbbraun, mehr gelb mit braunen Flecken, Lippe kanariengelb.
Heimat: Venezuela, Peru, Brasilien
Blütezeit: Sommer/Herbst
Kultur: Temp., halbschattig bis hell; aufgebunden oder im Gefäß. Vorsichtig wässern. Ruhezeit beachten! Kaum Kulturprobleme.

Oncidium harrisonianum
Blüte typisch für die Gattung, Blätter eher sukkulent.
Leicht mit *Oncidium edwallii* zu verwechseln.

Oncidium onustum Lindl.

Merkmale: Bulben gedrängt, schwarzbraun marmoriert, nur ca. 3 cm lang; Blätter ledrig, fleischig, V-förmig, nicht länger als ca. 6 cm; an der Basis der Bulben zwei längere Niederblätter; Blüten traubig, vielblütig, zitronengelb ca. 2 cm breit, Lippe ebenfalls gelb, breit.
Heimat: Ecuador
Blütezeit: Sommer/Herbst
Kultur: Temp., hell; aufgebunden. Schon der Habitus der Pflanze zeigt die Anpassung an „trockene" Bedingungen. Sammler berichten über den Standort er sei sonnig, heiß und trocken. In Gesellschaft mit Kakteen und wenigen Bromelien (R. Stüpfle, Lima). Allerdings ist die Kultur auch unter weniger „sonnigen" Bedingungen noch möglich. Frischluft entscheidet über den Erfolg. Ruhezeit streng einhalten, die Pflanzen nur hin und wieder besprühen.

Oncidium pulchellum Hooker

Merkmale: Eine der „variegaten Oncidium"; mehr oder weniger einfarbige Blütenblätter und Lippe, rosa, rosalila, auch weißrosa oder weiß, dann aber mit rosa Lippe; diese ist augenfällig vierlappig.
Heimat: Jamaika
Blütezeit: Frühjahr/Sommer
Kultur: Warm, halbschattig bis hell; aufgebunden, sonst sehr kleine Gefäße verwenden. Immer etwas feucht halten, dabei jedoch vorsichtig bei der Wassergabe, die Pflanzen faulen über Nacht!

Oncidium pumilum Lindl.

Merkmale: Bulben sehr klein, mit dem Blatt fast zur Einheit verwachsen; Blätter bis ca. 12 cm lang, ledrig, länglich, vorn spitz, grün bis braungrün, bei hohem Lichtangebot auch braun gesprenkelt; Blüten nur winzig, ca. 0,5 cm breit, fast glockenförmig, Sepalen und Petalen senfgelb, braun getupft, Lippe bleichgelb. Am Blütenstand, der ca. 12 cm hoch werden kann, sind viele Blüten, die nach Honig duften. Sehr schön!
Heimat: Brasilien
Blütezeit: Frühjahr
Kultur: Temp., hell; vor allen Dingen vorsichtig gießen! Sonst keine Probleme! Bei der Verwendung von Gefäßen sind diese klein zu wählen, sonst mit wenig Substrat aufbinden.

Oncidium pusillum Rchb.f. (syn. *Psygmorchis pusilla* Dodson & Dressler)

Merkmale: Blätter fächerartig angeordnet, bis ca. 6 cm lang, länglich, schmal, vorn spitz; Blütenstand nur kurz über den Blättern, ein- bis dreiblütig (selten!). Blüten eher länger als breit, ca. 3 cm Durchmesser, gelb, manchmal schwach rot gezeichnet.
Heimat: Mexiko, Brasilien, Bolivien, Trinidad
Blütezeit: Ganzjährig
Kultur: Temp., halbschattig bis hell; unbedingt aufgebunden, mit wenig oder ohne Substrat kultivieren. Wichtig, Blüten erblühen nacheinander, indem sich der Blütenstand minimal verlängert und sich eine neue Knospe, Blüte bildet. Keine Ruhezeit; Luftfeuchtigkeit hoch wählen, viel Luftbewegung. Eigentlich leicht wachsend, wenn sie nie zu feucht gehalten wird. Ansonsten fault sie über Nacht!

Oncidium scandens Moir

Merkmale: Typisch für „Variegate Oncidium" sind die ausläuferartigen Rhizome. Die Blüte ist weiß bis rosapurpur, die Lippe weiß.
Heimat: Haiti (Hispaniola)
Blütezeit: Sommer
Kultur: Temp. bis warm, halbschattig bis hell. Eigentlich kann man die Pflanze wachstumsmäßig kaum unter Kontrolle halten; weniger leicht ist es, sie zur Blüte zu bewegen. Es genügen Temperaturabsenkungen in der Nacht um ca. 5 °C, aber die müssen sein, ansonsten erfolgt keine Blüte!

Oncidium variegatum Sw.

Merkmale: Die eigentliche Art der „Variegaten Oncidium"; Blüten an einem bis 40 cm langen Blütenstand; wie alle Variegaten sehr langlebig; Sepalen braun, gelbbraun, Petalen rosa wie die Lippe, die am Grunde braun endet. Sehr variationsreiche Art.
Heimat: Puerto Rico, Haiti, Dominikanische Republik und Kuba
Kultur: Warm, trocken, eher hell, trotzdem Luftfeuchtigkeit bieten; Frischluft und ständige Luftbewegung.

Links: *Baptistonia echinata*
Rechts: *Oncidium variegatum-Hybr.* wie sie heute sogar im Blumengeschäft angeboten werden.

Oncidium waluewa Rolfe

Merkmale: Epiphyt mit ca. 5 cm langen, schmalen Bulben. Am Gipfel ein-, selten zweiblättrig; Blütenstand hängend oder aufrecht, ca. 12 cm lang, Blüten bis 15 an der Rispe, ca. 1,5 cm breit, grünlich-weiß mit rotbraunen Querstreifen, auch auf der Lippe.
Heimat: Brasilien, Paraguay
Blütezeit: Herbst/Winter
Kultur: Temp., halbschattig; aufgebunden oder im kleinen Gefäß; wächst ohne Probleme bei genügender Ruhezeit. Vorsichtig ernähren, nicht warm kultivieren!

Ornithocephalus iridifolius Rchb.f.

Merkmale: Stammloser Epiphyt; Blätter ca. bis 7 cm lang, meist kürzer, fächerförmig angelegt, dick, fleischig, schmal; Blütenstand etwas über den Blättern stehend, vielblütig, aus der Blattachsel, Blüten weiß, grünlichweiß, Lippe grün.
Heimat: Mexiko, Guatemala
Blütezeit: Frühjahr/Sommer
Kultur: Temp., halbschattig bis schattig. Unter der obigen Bezeichnung bzw. als *Ornithocephalus* spec. werden auch Pflanzen aus anderen Ländern angeboten. Durch die kleinen Blüten sind sie nur schwer zu identifizieren, zumal sie ohne Blüte alle sehr ähnlich sind. Für die Kultur ist ständige Luftfeuchtigkeit bei viel Luftbewegung angezeigt. Sie blühen reichlich: man kann sich ihrem Reiz nicht entziehen.

Paphiopedilum bellatulum Rchb.f.

Merkmale: Blätter bis 17 cm lang, sattgrün mit schwacher Marmorierung, Unterseite purpurfarben getüpfelt; Blütenstand kurz, kaum über den Blättern, Blüte bis 7 cm breit, weiß bis gelblichweiß, violettbraune Tupfen, Schuh (= Lippe) weniger gepunktet.

Rechts: *Paphiopedilum bellatulum*

Paphiopedilum concolor mit ungewöhnlicher Zeichnung.

Heimat: Burma, Thailand
Blütezeit: Winter
Kultur: Warm, schattig, in einem humosen Substrat mit Kalkzusatz. Gleichmäßig feucht halten. *Paphiopedilum* dürfen nicht mehr gehandelt werden, achten Sie beim Kauf auf Nachzuchten aus hiesigen Gärtnereien. Vor allen Dingen kultivieren Sie Züchtungen dieser Art! Beim Verpflanzen nur teilen, wenn die Pflanze von selbst auseinanderfällt. Niemals reißen!

Paphiopedilum concolor Pfitzer

Merkmale: Ähnlich der vorgenannten; Marmorierung der nicht so breiten Blätter schwächer; Blüten kleiner, ca. 6 cm breit, gelblichweiß, fein purpurn getupft, häufig zweiblütig.
Heimat: Birma, Thailand, Vietnam, Kambodscha, China
Blütezeit: Winter/Frühjahr
Kultur: Wie vorige Art, etwas weniger Wärme.

Paphiopedilum fairrieanum Lindl.

Merkmale: Blätter einfach grün, bis 15 cm lang; Blütenstand bis 15 cm, selten länger, Einblütig, ca. 6 cm hoch, ca. 4 cm breit, Fahne an den Rändern gewellt und bewimpert, purpurne Längsstreifen, Petalen gedreht, am Rande behaart, purpurne Streifen. Schuh braungelb, dunklere Aderung.
Heimat: Indien
Blütezeit: Winter
Kultur: Temp., schattig; immer feucht; liebt Frischluft und Luftbewegung. Naturschutz beachten, Hybriden bevorzugen!

Paphiopedilum spicerianum, früher wichtiger Kreuzungspartner.

Paphiopedilum spicerianum Rchb.f.

Merkmale: Blätter wie bei der vorgenannten, schmal, Mittelnerv unterseits purpurn, Fahne weiß mit purpurfarbenem Mittelstreifen, Ränder zurückgebogen; Petalen ca. 4 cm lang, schmal, gelbgrün, purpur marmoriert, Schuh bronzegrün mit gelbem Rand.
Heimat: Indien
Blütezeit: Winter
Kultur: Temp., auch kühler, halbschattig bis schattig; immer feucht, nie naß halten; Substrat durchlässig wählen, sonst keine Kulturschwierigkeiten. Hybriden mit dieser Art sehr robust, vor allem die ganz alten und ganz neuen.

Pelatantheira ctenoglossum, nicht nur die Blüte ist hier interessant.

Phalaenopsis equestris, die häufigste „Kleine" *Phalaenopsis* in Kultur.

Pelatantheria ctenoglossum Ridl.

Merkmale: Epiphyt mit langem, aufrechtem Stamm, bis 20 cm lang; Blätter seitlich versetzt ca. 3 cm lang, ledrig fleischig; Sepalen und Petalen weißlich, mit purpurnen Streifen, ca. 1 cm breit, wenigblütig, Lippe purpurn gestreift.
Heimat: Thailand
Blütezeit: Sommer
Kultur: Warm, halbschattig; in jedem Fall aufgebunden, dabei wenig Substrat verwenden. Die Wurzeln erstrecken sich frei in den Raum, sie zu erhalten ist wichtig. Dazu ist häufiges Übersprühen notwendig.

Phalaenopsis equestris Rchb.f.

Merkmale: Epiphytisch wachsend; kurzer Stamm; Blätter länglich, fleischig, bis 20 cm lang und ca. 6 cm breit (meist kleiner); Blütenstand halb aufrecht, rispig. Einzelblüten ca. 2 cm breit, vielblütig, zart, Farbe sehr variationsreich, von rosa bis weiß, mehr oder weniger farbig geadert, Lippe rosa und gelb.
Heimat: Philippinen
Blütezeit: Herbst/Winter
Kultur: Warm, halbschattig bis schattig; aufgebunden bleiben die Pflanzen kleiner, Kultur aber auch im Gefäß möglich; gleichmäßig feucht halten! Ruhezeit nach Abschluß des Wachstums nur in Form etwas niedrigerer Nachttemperatur. Die Pflanzen blühen recht lange, wenn auch nicht so lange wie die meisten *Phalaenopsis* Hybr. Für jedes warme Terrarium oder jede Vitrine geeignet; wachsen, wenn sie nicht zu naß gehalten werden, völlig problemlos. Auf Schildläuse achten! Den Blütentrieb vor Schnecken schützen!

Phalaenopsis lindenii Loher

Merkmale: Mit der vorgenannten fast identisch; Blätter jedoch grün, silberweiß marmoriert, etwas länger; Blütenstand traubig, manchmal gering verzweigt, Blütengröße wie bei *P. equestris*, jedoch weißrosa mit purpurrosa Linien in den Blütenblättern.
Heimat: Philippinen
Blütezeit: Herbst/Winter
Kultur: Wie bei vorgenannter Art beschrieben; Haltbarkeit der Blüten 6 Wochen!

Phalaenopsis lueddemaniana

Phalaenopsis lueddemanniana Rchb.f.

Merkmale: Blätter größer als bei den letztgenannten; Blüten unterschiedlich in Form, Farbe und Größe; es werden viele Varietäten genannt; Blütenstand halb aufrecht, traubig, Einzelblüten bis ca. 6 cm breit, fleischig, wachsartig, Sepalen und Petalen mit roten oder purpurnen Flecken oder Bändern.
Heimat: Philippinen

Blütezeit: Herbst/Winter/Frühjahr
Kultur: Wie bei den vorgenannnten; wichtig ist es, den Blütenstand nur dann zu entfernen, wenn er wirklich trocken geworden ist. Er blüht auch in der nächsten Wachstumsperiode (mit wenigen Blüten) noch einmal mit. Oft bilden sich statt der Blüten an den Nodien sogenannte Kindelpflanzen. Diese kann man zur Vermehrung nutzen, sie aber auch an der Pflanze belassen. Besonders bei aufgebundenen Exemplaren oder solchen in Ampeltöpfen, führt das zu einer beeindruckenden Schauwirkung: Die zahlreichen Wurzeln zeigen sich wie ein Vorhang vor den Pflanzen. *Phal. lueddemanniana* und ihre zahlreichen Varietäten sollten in keiner warmen Vitrine fehlen.

Phaelaenopsis parishii Rchb.f.

Merkmale: Kleine Art der Gattung; Blätter nur ca. 7 cm lang; Blütenstand traubig, nur ca. 8 cm lang, bis zu 8 Blüten, Farbe weiß, ca. 2 cm breit, Lippe in der Mitte weiß, braunrote Bänderung, an der Seite gelb.
Heimat: Burma
Blütezeit: Herbst/Winter
Kultur: Wie bei allen *Phalaenopsis*. Diese Art sollte jedoch nur aufgebunden kultiviert werden. Bei halbschattigem Stand macht sie keine Probleme. Die Wurzel öfter übersprühen!

Phalaenopsis parishii

Phymatidium tillandsioides Rodr.

Merkmale: Kleine Epiphyten mit schmalen, spitzen, hellgrünen Blättern; Blätter nur ca. 3 cm lang, in einem dichten Büschel angeordnet. Wenn die Pflanzen nicht gerade blühen, sehen sie wie eine kleine Tillandsie aus. Blüten winzig, als Traube auf kurzem Blütenstand sehr vielblütig, weiß, im Zentrum grün.
Heimat: Brasilien
Kultur: Temp., warm, halbschattig bis schattig; aufbinden bietet sicheren Schutz vor zuviel Feuchtigkeit, der die meisten dieser schönen Pflanzen zum Opfer fallen; sogar mit dem Übersprühen dieser Pflanzen sollte man vorsichtig sein; benötigen trotzdem hohe Luftfeuchtigkeit!

Platystele Schltr.

Zur Gattung: Auch hier soll noch einmal auf eine ganze Gattung hingewiesen werden, die Art-Bezeichnungen, zumindest der in Gärtnereien angebotenen Pflanzen, sind verwirrend und sicher meistens ungenau. Es sind mehr oder weniger kleine, büschelige bzw. rasenartig wachsende Epiphyten. Manchmal werden Pflanzen dieser Gattung zu *Pleurothallis* gezählt. Bei einigen Autoren gehören nur 6 Arten zur Gattung, andere nennen wesentlich mehr. Wahrscheinlich ist auch ein Großteil dieser an sich unscheinbaren Pflanzen noch gar nicht entdeckt. Kurze, einblättrige Stämme; am Gipfel erscheinen die langgestielten Blütentrauben, sie sind vielblütig, erblühen nacheinander, bei einigen Arten dauert das bis zu einem Jahr, die Sepalen und Petalen sind etwa gleich groß.
Heimat: Mittel- und Südamerika
Blütezeit: Variabel
Kultur: Temp., nach Herkunft auch kühler, halbschattig bis schattig; aufgebunden oder im kleinen Gefäß. Eigentlich völlig problemlos. Diese Gattung ist durch die winzigen, aber zahlreichen Blüten reizvoll. Die Bestäubung wird in der Natur wahrscheinlich von kleinen Fliegen vorgenommen, in der Kultur durch Trauermücken und Fruchtfliegen.

Pleione bulbocodioides Rolfe

Merkmale: Terrestrisch oder lithophytisch wachsende Pflanzen; Bulben birnenförmig, ca. 3 cm lang; ein Blatt am Gipfel, bis 20 cm lang, weich; Blütenstand ca. 10 cm, er erscheint mit dem neuen Trieb, Blüten, meistens zwei, sind bis 8 cm breit, Blütenblätter rosa bis rosarot. Lippe weiß oder rosa, Kiele gelb oder weiß, rot oder braun getüpfelt.
Heimat: Tibet, China, Formosa
Blütezeit: Frühjahr
Kultur: Temp., kalt, im Winter

(Ruhezeit) bis 5 Grad; Substrat humos, locker, z. B. Rinde, *Sphagnum* und Torf. Mit Beginn des Triebes wird ein- bzw. umgesetzt. Vorsichtig gießen bis zur Bewurzelung! (Gleichzeitig Blütezeit bei dieser Art!) Nachdem das Gefäß durchwurzelt ist, kräftig wässern und düngen. Ab Mitte bis Ende Mai ins Freie, halbschattig bis hell (= Gewöhnung). Im Herbst werden die Blätter abgestoßen (Beginn der Ruhe), jetzt absolut trocken halten! Ob ausgetopft oder im Gefäß, muß man ausprobieren. Die Bulben können auch im Gemüsefach des Eisschranks gelagert werden.

Pleurothallis R. Br.

Zur Gattung: Eine Gattung, die durch die Vielzahl der Arten – es sind wohl weit über 1000 – bisher nur unvollständig erfaßt ist. Doppelbeschreibungen sind häufig, weil viele Arten über weite Territorien verbreitet sind. Die Mehrzahl der Arten ist in den Gebirgsregionen anzutreffen. Litho- und Epiphyten, nicht alle klein im Habitus. Die Blüten sind immer klein, jedoch manchmal zahlreich.
Kultur: Alle lassen sich aufgebunden kultivieren; die Wachstumsfreudigkeit, besonders der Arten mit ledrigem Laub ist erstaunlich. Kleine Formen, die uns hier ja besonders interessieren, sind für – fast – jeden Standort gut. Halbschattig bis hell. Vorsichtig mit der Feuchtigkeit bei allen Arten mit ledrigen Blättern! Lassen sie sich auch im Gefäß kultivieren; bevorzugt sehr kleine Töpfe verwenden. In der Wachstumszeit verlangen sie viel Feuchtigkeit, Nährstoffe und Schatten. Die Ruhezeit soll trocken verbracht werden, ohne daß die Wurzeln austrocknen. Hohe Luftfeuchtigkeit, Luftbewegung und viel Frischluft. Arten mit weichem Laub feuchter als solche mit ledrigen Blättern kultivieren!

Pleurothallis grobyi Lindl.

Merkmale: Variable Art; Stämme 3 bis 10 cm hoch, einblättrig; Blätter 2–7 cm lang, ledrig; Blütenstand bis 12 cm lang, wenige grünlichgelbe, durchscheinende Blüten, rotpurpurne oder bräunliche Zeichnung.
Heimat: Westindische Inseln, Mexiko, Mittel- und Südamerika
Blütezeit: Frühjahr/Sommer
Kultur: Siehe obengenannte, diese Art zeigt schon durch ihre weite Verbreitung, daß unter der Bezeichnung *Pleurothallis grobyi*, verschiedene Typen/Varianten angeboten werden. Wichtiger als der Name ist die Schönheit der Pflanzen und Blüten.

Pleurothallis grobyi, viele Pflanzen sind unter diesem Namen im Handel.

Promenea xanthina

Polystachia pubescens Reichb.f.

Merkmale: Bulben schmal, dichtgestellt, ca. 2 cm lang, am Gipfel 2–3blättrig; Blätter ca. 5 cm lang; Blütenstand aufrecht über der Pflanze, traubig, bis zu 10 Blüten, Einzelblüten ca. 1,5 cm, schwefelgelb, etwas glockig, mit brauner Zeichnung.
Heimat: Südafrika
Blütezeit: Herbst
Kultur: Warm, temp., halbschattig bis schattig; obwohl die Pflanzen in der Natur epiphytisch wachsen, ist die Kultur im Gefäß einfacher. Bei einem kleinen Gefäß oder einer flachen Schale können die Pflanzen niemals zu naß werden. Sie wachsen leicht und sind zuverlässige Blüher. Auch in der Ruhezeit dürfen sie nie richtig trocken werden. Die im Handel angebotenen Pflanzen haben, besonders bei älteren Bulben und Blättern, schwarze Flecken. Wahrscheinlich ein Virusbefall, der aber keinen Einfluß auf die Pflanzen zu haben scheint. Sie wachsen trotzdem willig und blühen reichlich.

Porroglossum echidnum Garay

Merkmale: Epi- und lithophytisch vorkommend; Blätter ca. 5 cm lang, mattgrün, violett glänzend; Blütenstand bis 10 cm, Blüten hintereinander aufblühend, ca. 1 cm im Durchmesser, hellgrüngelb mit dunkelgelben Fortsätzen an den Sepalen, Lippenoberfläche samtartig.
Heimat: Ecuador, Kolumbien
Blütezeit: Ganzjährig in Intervallen
Kultur: Wachsen ist für diese *Masdevallia* ähnliche Pflanze kein Problem, jedoch blüht sie nur bei kühlerer, luftfeuchter Umgebung. Auch an das Licht stellt sie keine gehobenen Ansprüche, je heller, je mehr zeigen sich die Blätter in der schönen purpurnen Verfärbung. Soll niemals trocken werden! Sie läßt sich aufbinden, darf dann aber in den Wurzeln nicht austrocknen. Eine echte Ruhezeit kennt sie nicht: Laufend bilden sich neue Triebe.

Promenea xanthina Lindl.

Merkmale: Kleine epiphytische Pflanze; büschelig wachsende Bulben sind ca. 2 cm lang, eiförmig gepreßt; am Gipfel zwei etwa 7 cm lange Blätter, an der Basis zwei blatttragende Scheiden, ebenfalls ca. 7 cm lang, hellgrün, weich; Blütenstand aus der Basis; ca. 10 cm lang, vorstehend, mit ein oder zwei Blüten, diese sind ca. 3 cm breit, zitronengelb, Lippe in der Grundfarbe gelb, aber mit mattroten Flecken.
Heimat: Brasilien
Heimat: Frühjahr/Sommer
Kultur: Temp., schattig bis halbschattig; am einfachsten im Gefäß zu kultivieren. In der Wachstumszeit darf die Pflanze nie trocken werden. In der Ruhezeit nur so viel bzw. so wenig gießen, daß die Bulben nicht schrumpfen. Eigentlich wächst *Promenea* leicht, auf Luftfeuchtigkeit und Luftbewegung achten!

Restrepia H.B.K.

Zur Gattung: Noch eine Gattung, die durch ihre Arten das Sammeln von Kleinorchideen so interessant macht. Die Zahl der Arten wird manchmal mit 30, meistens mit mehr angegeben. Innerhalb der Arten sind enorme Variationen möglich.
Kultur: Alle mögen kalt. oder temp. kultiviert werden, schattig bis halbschattig; aufgebunden oder im Gefäß, jede ist eine kleine Kostbarkeit. An der Spitze der Blätter bilden

Rechts: *Restrepia* spec.

sich häufig Adventivpflanzen, diese können einfach mit dem Blatt eingesetzt werden und schon hat man eine neue Pflanze. Bei aufgebundenen Exemplaren können die Adventivpflanzen auch an der Art verbleiben, bis sie von selbst, mit dem Blatt abfallen.

Restrepia antennifera H.B.K.

Merkmale: Stämme bis 10 cm, büschelig angeordnet, jeweils mit 3–4 braun getüpfelten Brakteen; Blätter ledrig eiförmig oder länglich elliptisch, Blütenstand aus der Blattachsel, einblütig aber mehrfach blühend, Schaft ca. 3 cm, Blüte ca. 2 cm lang, Farbe weiß, gelbweiß oder gelb mit dunkelpurpurnen Streifen, seitliche Sepalen mit grünen Fortsätzen, obere Sepale mit schwanzartigem Fortsatz.
Heimat: Venezuela, Kolumbien, Ecuador
Blütezeit: Ganzjährig
Kultur: Siehe Gattungsbeschreibung.

Rodriguezia secunda H.B.K.

Merkmale: Epiphyt; längliche, ca. 3 cm lange Bulben; am Gipfel ein Blatt, der Bulb aber mit ziegelartig deckenden Blattschneiden versehen; alle Blätter ca. 7 cm lang, ledrig, fleischig; Blütenstände aus den Blattscheiden, bis zu 6 an einem Trieb, Länge bis ca. 30 cm, vielblütig, Einzelblüte ca. 1,5 cm, rosa bis rot, ebenso die Lippe.
Heimat: Panama, Kolumbien, Venezuela, Surinam, Brasilien
Blütezeit: Frühjahr
Kultur: Temp., halbschattig; genau, wie die ebenfalls oft angebotene *R. venusta* (weiße Blüten) kann die Pflanze am einfachsten in sehr kleinen Töpfen gehalten werden. Ruhig trocken werden lassen zwischen den Gießgaben! Die Pflanzen neigen zum Faulen, wenn die Luftbewegung fehlt.

Schoenorchis pachyacris

Schoenorchis fragans Seid. & Smith

Merkmale: Stämme des sehr kleinen Epiphyten ca. 1 cm lang; Blätter fleischig, ledrig ca. 1,5 cm (wie eine kleine *Phalaenopsis*); Blütenschaft ca. 2 cm lang, vielblütig, Einzelblüte 5 mm breit, rosalila.
Heimat: Thailand
Blütezeit: Winter
Kultur: Warm, halbschattig bis schattig; nur aufgebunden. Eine solche Kostbarkeit ist auch bei den Miniaturen nicht häufig! Ein kleiner Wasserfall von Blüten ergießt sich fast über die gesamte Pflanze. Völlig anspruchslos! Gehört unbedingt in jede warme Vitrine bzw. jedes Terrarium.

Schoenorchis pachyacris J.J.S.

Merkmale: Alles wie bei der letztgenannten; Blüten jedoch lockerer an der Rispe, Blütenfarbe dunkler.
Heimat: Thailand
Blütezeit: Frühjahr
Kultur: Siehe vorgenannte.

Sigmatostalix graminea Rchb.f.

Merkmale: Kurzes kriechendes Rhizom; Bulben büschelig, nur ca. 1 cm lang, zusammengepreßt, bedeckt mit ziegelartigen Scheiden, am Gipfel einblättrig; Blatt schmal, ca. 3 cm lang; Blütenstand grundständig, ca. 5 cm lang, wenigblütig, Blüten sehr klein, gelb, braun getüpfelt.
Heimat: Peru
Blütezeit: Winter und ganzjährig

Sophronitella violacea Schltr.

Merkmale: Bulben nur ca. 2 cm lang, auf kriechendem Rhizom, schmal, eiförmig; am Gipfel ein Blatt, ledrig, fleischig, ca. 5 cm lang, spitz zulaufend; Blütenschaft aufrecht meist ein-, manchmal zweiblütig, Einzelblüten ca. 3,5 cm breit, purpurviolett, fleischig, Lippe ebenso, im vorderen Drittel dunkler.
Heimat: Brasilien
Blütezeit: Winter
Kultur: Temp., halbschattig bis hell; aufgebunden oder in kleinem Gefäß. Vorsichtig gießen! Kann im Sommer im Freien gehalten werden.

Kultur: Temp. bis kühlen Standort, halbschattig bis schattig; aufgebunden fühlt sich die kleine Pflanze recht wohl, hohe Luftfeuchtigkeit; wenn sie auch eine Ruhezeit kennen, so dürfen sie doch niemals ganz trocken werden.

Sigmatostalix radicans Rchb.f.

Merkmale: Bulben schmal, länglich bis ca. 3 cm, 2 Scheidenblätter; Blätter an der Spitze der Bulben bis 10 cm lang; Blütenstand ca. 12 cm lang, traubenblütig bis 15 Blüten, Sepalen und Petalen zurückgeschlagen, weiß, Lippe gelb.
Heimat: Brasilien
Blütezeit: Sommer
Kultur: Temp., halbschattig; aufgebunden oder im Gefäß. Unbedingt die Ruhephase beachten! Sonst ohne Kulturprobleme.

Oben: *Sigmatostalix graminea*

Unten: *Sophronitella violacea*

Sophronites brevipedunculata

Sophronites brevipedunculata Fowlie.

Merkmale: Siehe folgende Beschreibung von *Sophronites coccinea*, einziger Unterschied: längerer Blütenstand, offenere Blüte.
Heimat: Brasilien
Blütezeit: Herbst
Kultur: Wie *S. coccinea.*

Sophronites cernua Lindl.

Merkmale: Klein, epi- oder lithophytisch wachsend; kriechendes Rhizom; Bulben eiförmig bis 2 cm lang; ein Blatt an der Spitze, breit eiförmig, dick ledrig, dunkelgrün, Unterseite rotbraun; Blütenschaft über den Blättern stehend, aus der Blattachsel mit bis zu 5 bis ca. 2,5 cm breiten orangeroten oder roten Blüten, Lippe im Schlund heller bis gelb.
Heimat: Brasilien
Blütezeit: Herbst
Kultur: Wie *Sophronites coccinea.*

Sophronites coccinea Rchb.f.

Merkmale: Rhizom kriechend; Bulben länglich, gebüschelt, eiförmig, länglich oder rund, ca. 2 bis 4 cm lang, einblättrig; Blatt fleischig, ledrig dunkelgrün, länglich oder rundlich, ca. 3 bis 6 cm lang; Blütenschaft aufrecht, ca. 5 cm lang ein- selten zweiblütig, signalrote Blüten, auffällig, Lippe am Grund gelb.
Heimat: Brasilien
Blütezeit: Herbst/Winter
Kultur: Selten gibt es über die Kultur einer Orchidee so unterschiedliche Erfahrungberichte einzelner Kultivateure, wie bei den *Sophronites.* Die Standortbeschreibungen reichen von voll sonnigen bis zu schattigen Plätzen. Das ist zwar ein Hinweis auf die Anpassungsfähigkeit dieser Pflanzen, aber es erleichtert die Kultur nicht unbedingt. Wichtig ist ein sehr durchlässiges Substrat, denn *Sophronites*-Arten lieben es immer feucht, was aber nicht mit Staunässe zu verwechseln ist! Staunässe führt zu ihrem schnellen Tod. Aufbinden oder ein sehr kleines Gefäß schützt vor diesem Fehler.

Sophronites coccinea

Telipogon spec.

Außerdem schätzen alle *Sophronites* hohe Luftfeuchtigkeit, bei viel Luftbewegung und Frischluft. Was sie noch in jedem Fall, bei unseren Kulturbedingungen im „Norden", benötigen, ist viel Licht. Mindestens so viel wie *Cattleya* und *Laelia*. Außerdem brauchen sie eine kühlere, nicht kalte (!) Umgebung. *Sophronites coccinea* ist wohl insgesamt der toleranteste Vertreter dieser Gattung, was Kulturbedingungen anbelangt.

Stelis Sw.

Zur Gattung: Bei dieser Gattung, die über 200 Arten zählt, wird der Liebhaber der Miniaturorchideen viele interessante Exemplare finden. Es sind kleine, büschelig wachsende Epi- oder Lithophyten. Aufrechte Stämme mit nur einem Blatt zeigen ihre Verwandtschaft zu *Lepanthes, Pleurothallis* und *Restrepia*. Die Blütenstände kommen aus den Blattachseln, mal sind es einzelne, dann wieder sind sie zahlreich. Kleine, manchmal winzige Blüten sind typisch. Durch die seitlich stehenden, fast gleichen Sepalen, die miteinander verwachsen sind, erscheinen die Blüten sternförmig. *Lepanthes* sind von Mexiko bis Brasilien verbreitet. Prinzipiell pflegt man sie, wie es schon bei den verwandten Arten beschrieben wurde (s. S. 75/93). Bei den meist sehr kleinen Blüten ist die Beschreibung und die richtige Bezeichnung bei den Pflanzen schwierig. Alle sind aber dankbare und pflegeleichte Orchideen. Im Sommer sollte man sie vor all zu großer Wärme schützen. Für einen „Urlaub" im Freien, an schattiger Stelle sind sie dankbar.

Telipogon H.B.K.

Zur Gattung: Wenn diese Gattung hier genannt wird, so soll dies mehr als Warnung verstanden werden. In vielen Orchideenbüchern sind *Telipogon* beschrieben und abgebildet. Sie sind, mit einem Schwerpunkt in Costa Rica, über das ganze tropische Amerika verbreitet. Als Epiphyten, manchmal auch terrestrisch, dann in losem, humosem Material wachsend. Auffällig ist die netzartige Aderung der großen Petalen, während die Sepalen einander ähneln und kleiner sind. Die Kultur gilt zu Recht als schwierig. Nach meiner Erfahrung vertragen die Pflanzen den Import schlecht, meist überlebt nur die Hälfte der eingeführten Pflanzen,

häufig die, die mit ihrer Unterlage (Ast) gesammelt wurden. Ganz abgesehen einmal von der Naturschutz-Gesetzgebung, sollte man als echter „Orchideenfreund" daher auf jeden Erwerb verzichten. Die Standorte der *Telipogon* sind kalt (ca. 10 °C, mit nur kurzfristig höheren Temperaturen bei einer Obergrenze von 25 °C). Die Luftfeuchtigkeit liegt bei 100 %, so daß die Pflanzen ihren Wasserbedarf wohl fast ausschließlich über die Luftfeuchtigkeit decken. Eine ständige Brise sorgt für konstante Luftbewegung. Die heutigen Möglichkeiten der Technik mögen in Zukunft zu einem Gewächshaus führen, das genau diese Voraussetzungen erfüllt, bis dahin sollte man aber auf eine Kultur dieser Arten verzichten!

Trias intermedia Seidef Smitin

Merkmale: Rhizome sehr dünn; Bulben im Abstand von 4 mm, rundlich, ca. 6 mm im Durchmesser (Habitus wie *Bulbophyllum*), Blätter einblättrig; Blatt 1 cm lang; Sepalen fast gleich, rosagelb mit braunroten Streifen, Petalen nur 3 mm, ebenfalls gestreift. Die kleine Lippe ist braun.
Heimat: Thailand
Blütezeit: Winter
Kultur: Temp., warm, schattig; unbedingt auf sehr kleine Äste aufbinden, wenig oder kein Substrat. Luftfeuchtigkeit hoch halten, aber Luft bewegen! Wächst ohne Probleme.

Links oben:
Trichocentrum tigrinum

Links unten:
Trichoceros spec.

Trichocentrum tigrinum Linden & Rchb.f.

Merkmale: Epiphytisch wachsend; Stamm kurz; Blätter bis 12 cm lang, fleischig, ledrig, dunkelgrün, rotbraun getüpfelt; Blütenstand ca. 10 cm, 1–2blütig, Blüte groß, ca. 7 cm breit, Sepalen und Petalen grünlich, mit purpurbrauner Marmorierung, Lippe weiß, am Grund rosapurpur, Schwiele gelb, Säule weiß.
Heimat: Mittelamerika, Ecuador
Blütezeit: Sommer
Kultur: Temp., warm, schattig; am einfachsten ist die Kultur bei aufgebundenen Exemplaren. Sie sollten trotz der sukkulenten Erscheinung im Wurzelbereich nie trocken werden. Zuverlässig erscheint die Blüte. Wenn Gefäßkultur unvermeidbar, kleine Gefäße wählen. Verliert sich die rotbraune Tüpfelung der Blätter, muß ein hellerer Platz gesucht werden.

Trichoceros H.B.K.

Zur Gattung: Den angesprochenen *Telipogon* nicht unähnlich; die sehr interessante Blüte erinnert an eine große Fliege. Bestäubt werden sie durch Pseudokopulation von borstigen Raupenfliegen (Tachinidae) (nach Dressler, 1981). Es werden in den Gärtnereien hin und wieder einige Exemplare angeboten, wobei die Arten kaum bezeichnet sind. Alle blühen sehr lange. Das ergibt sich sowohl durch die lange Blühdauer der Einzelblüte als auch dadurch, daß die Blüten sich nacheinander öffnen. Im Gegensatz zu den *Telipogon* ist die Kultur nicht schwierig, wenn ein kalter, schattiger Standort geboten werden kann. Sie benötigen hohe Luftfeuchtigkeit und müssen immer feucht gehalten werden, d. h. man sorge für ausreichende Drainage im Gefäß oder binde die Pflanzen auf eine mit Moos gepolsterte Unterlage. Die Kultur im Gefäß erscheint mir aber sinnvoller. Der Schwerpunkt der Blütezeit erstreckt sich vom Frühjahr bis zum folgenden Winter. Die Heimat der *Trichoceros*-Arten reicht von Kolumbien über Peru und Bolivien bis Ecuador.

Zygostates Lindl.

Merkmale: Diese Gattung, die den *Ornithocephalus* nicht unähnlich ist, erwähne ich nur, weil es die einzige mir bekannte Miniaturorchidee ist, deren Name mit „Z" beginnt. Ich habe bislang noch keine Erfahrungen mit Pflanzen dieser Gattung machen können.

Gleichzeitig möchte ich jedoch dieses „Zugeständnis" nutzen, noch einmal darauf hinzuweisen, daß ansonsten alle hier angeführten Pflanzen einmal von mir kultiviert worden sind. Die Angaben zur Kultur basieren auf Erfahrungen im eigenen Gewächshaus! Trotzdem kann ich selbstverständlich keine Gewähr geben, sondern nur betonen, daß ich mich bemüht habe, aus meinen langjährigen Aufzeichnungen das Wesentliche zu übermitteln. Betrachten Sie die Angaben also nicht als „Bedienungsanleitung"! Die eigene Beobachtung ist die wichtigste Pflegeanweisung; völlig unvoreingenommen können Sie das an *Zygostates* Lindl. testen!

Anmerkung zu Minihybriden

Leider vertreten viele Orchideen-, auch die Hobbygärtner, die falsche Ansicht, Orchideenhybriden seien robuster bzw. durch Züchtung schon angepaßt an die Zimmerverhältnisse. Das führt dann dazu, daß diese Pflanzen weniger kritisch erworben werden als Naturformen. Die Frage nach der Herkunft unterbleibt oft, die Kulturmethoden werden vereinheitlicht. Selbstverständlich reagieren diese Züchtungen jedoch entsprechend ihrer Herkunft (geographisch und genetisch) und so müssen wir auch die Kulturstandorte auswählen.

Zwar mag in letzter Zeit auch die Wuchskraft für Züchter Bedeutung erlangt haben, doch wurde bisher nur auf Schönheit, Blütezeit und Farbe geachtet. Bei dieser Methode und dem genetischen Potential der Orchideen entstanden trotzdem besonders wuchsfreudige, angepaßte Züchtungen.

Völlig neue, bei den „Eltern" nicht bekannte Eigenschaften treten auch bei den Nachkommen der Gattungshybriden auf, besonders, wenn mehrere Gattungen im Spiel waren, wie z. B. bei *Potinara* die eine Gattungshybride aus *Brassavola X Cattleya X Laelia X Sophronites* darstellt. Eine weitere Mehrgattungshybride ist *Kawamottoara.* Sie wird aus nachfolgenden Gattungen gezüchtet: *Brassavola X Cattleya X Domingua X Epidendrum X Laelia.*

Um bei *Potinara* zu bleiben: Eigenschaften von *Sophronites* sind bei der Farbgebung und Größe bemerkbar, die etwas schwierigen Kulturansprüche der Gattung aber sind nicht mehr vertreten. Dies kann sich ändern, wenn in der Kreuzung *Sophronites* mehrfach als „Elternteil" genommen wurde. Jetzt können neben der Farbe und Größe auch wieder die Wachstumsbedingungen von *Sophronites* veranlagt sein. Das wäre jedoch nur über den Stammbaum der Züchtungen zu ermitteln, wobei aber zu berücksichtigen ist, daß die Eigenschaft „X" trotz mehrfacher Verwendung eines Elternteils nicht zwangsläufig in Erscheinung treten muß.

Grundsätzlich haben es die Liebhaber der Miniaturhybriden manchmal trotzdem einfacher als andere, weil ein Großteil der angebotenen Hybriden sogenannte Primärhybriden sind. Das entspricht der ersten Generation nach den Naturformen. Als Beispiel sei *Sophrolaelia Orpetti* angeführt, die übrigens schon 1901 gezüchtet wurde und noch heute angeboten wird; sie entstand aus *Sophronites coccine X Laelia pumila.* Aus den Ansprüchen der Eltern und der eigenen Beobachtung kann man leicht die richtigen Pflegemaßnahmen ableiten.

Besonders schön sind auch die Primärhybriden der *Paphiopedilum.* Nach den „Riesenerfolgen" bei Schnittblumen werden sie gerne nachgezüchtet. Es hat sie um die Jahrhundertwende (fast!) alle schon einmal gegeben. Beispiel: *Paphiopedilum concolor X Paphiopedilum bellatulum* = Paphiopedilum Conco-Bellatulum.

Es werden auch Miniaturgattungshybriden gezüchtet, ein Beispiel ist die Howeara Mini-Primi. Howeara wird durch die Gattungen *Leochilus X Oncidium X Rodriguezia* gebildet. Alle Kreuzungen der Orchideen lassen sich, Dank der Aufzeichnungen von der ersten Hybride an, bis heute über alle Eltern zurückverfolgen.

Die Howeara Mini-Primi war als Meristem angeboten und tauchte 1991 in den Blumengeschäften und Gartencentern als Topforchidee aus Holland auf.

Wo sind nun für den Orchideenliebhaber am meisten „Minis" bei den Kreuzungen zu finden? Da ist an erster Stelle die *Cattleya* zu nennen. Da schon sehr früh die Gattung *Sophronites* in die Züchtung eingebracht wurde, um die rote Farbe zu bekommen, wurde der kleine Habitus zwangsläufig miteingeführt.

Die kleineren *Laelia* brachten das intensive Gelb. Heute werden Minicattleya in jeder Orchideengärtnerei angeboten. Gefolgt von *Paphiopedilum,* wobei diese verstärkt erst in den letzten Jahren wieder angeboten werden. Bei den *Oncidium* sind es vor allen Dingen die „Variegaten"; ihre Farben, die Lieblichkeit der Blüten, lassen auch den „normalen" Orchideenliebhaber „das Herz aufgehen". Weil man sie jedoch eben nicht so ohne weiteres im Zimmer kultivieren kann, werden die meisten vernichtet. Andere *Oncidium* (temperierte und kalte) können durch Verbindung mit der Gattung *Odontoglossum zu Odontocidium,* schon erfolgreicher bestehen.

Zu nennen ist auch *Phalaenopsis,* nachdem die Blütengröße bis auf 10 cm (der Einzelblüte) gewachsen war und keine Braut die Größe für einen Brautstrauß aus *Phalaenopsis* mehr hat, haben sich die Züchter besonnen zum Vorteil der Miniaturliebhaber. Achten Sie in den Blumengeschäften und Gartencentern auf die „Kleinen". Ansonsten sind diese auch bei den Orchideengärtnereien zu bekommen.

Des weiteren finden sich Kreuzungen bei *Dendrobium*. *Dendrobium phalaenopsis* hat den größten Einfluß. Bei der Gattungshybride Ascocenda = *Ascocentrum X Vanda* sind in Thailand und Taiwan einige kleine Züchtungen entstanden. Sie werden hier allerdings seltener angeboten. Bei der Gattung *Masdevallia* verstärkt sich das Interesse; dies fördert dann erfahrungsgemäß die Zuchtarbeit.

Vergleicht man die Entwicklung der Zuchtarbeit in den USA, England und bei uns, wird deutlich, daß viele neue Züchtungen dort von Hobbyzüchtern in den Handel gebracht werden, besonders bei den Miniaturen. Sicher werden unsere Hobbygärtner bald den Anschluß finden. Die Kleinen sind es wert, daß sie unsere besondere Zuneigung bekommen.

Züchtungen sind, wie schon gesagt, nicht unbedingt leichter zu kultivieren, aber sie können manche botanische Art unbedingt ersetzen.

Hoffentlich kann dieses Buch ein wenig dazu beitragen, mehr an die „Kleinen" zu denken.

Phalaenopsis Hybr., deutlich sichtbar der Einfluß von *Phal. equestris.*

Bezugsquellen für Orchideen und Zubehör

Orchideen

Manfred Meyer
Bad Vilber-Heilsberg,
Tel. 0 61 01/8 52 89
Verkauf
60320 Frankfurt/M., Eckenheimer Landstr. 334, Tel. 0 69/54 65 52
Fax 0 69/5 48 37 98

Wössner Orchideen
Franz Glanz
83246 Unterwössen/Obb.,
Hauptstr. 28,
Tel. 0 86 41/83 50, Fax 0 86 41/86 27

Ludwig Orchideenzucht
31855 Aerzen, Hainbuchenweg 2,
Tel. 0 51 54/16 73, Fax 0 51 54/16 81

Tropische Orchideen
Andreas Stockelbusch
30938 Burgwedel-Fuhrberg,
Wielohweg 9, Tel. 0 51 35/339,
Fax 0 51 35/3 48

Herbert Bernhart
Rosenstr. 17, 33790 Halle/Westf.
Tel. 0 52 01/24 89

Cramer Orchideen
Zum Steiner 11–13,
83471 Berchtesgaden-Strub,
Tel. 0 86 52/29 82

Dieter Hars
Bundesstr. 99a, 21039 Escheburg,
Tel. 0 41 52/29 63

Wilhelm Hennis
Gr. Venedig 4, 31134 Hildesheim,
Tel. 0 51 21/3 56 77

Burkhard Holm
Alte Bahn, 47551 Bedburg/Hau,
Tel. 0 28 24/31 67

Joachim Karge
Bahnhofstr. 22, 21368 Dahlenburg,
Tel. 0 58 51/266

LAURIN Garten- und Gewächshauspark GmbH
Brandstr. 10, 29351 Eldingen,
Tel. 0 51 48/17 77

Lemförder Orchideenzucht
Erika Reuter
Postfach 13 08, 49448 Lemförde,
Tel. 0 54 43/651

Hans Lucke
Berschenweg 6,
47506 Neunkirchen-Vluyn,
Tel. 0 28 45/2 86 12

H. Pupow
Sandkämperstr. 1, 38442 Wolfsburg,
Tel. 0 53 62/6 24 61

Orchideen Anzucht Röllke
Von Möller Str. 25c, 33649 Bielefeld,
Tel. 0 51 21/44 13 84

Jens Röhl
Stemweg 14, 59494 Soest-Paradiese,
Tel. 0 29 21/6 03 82

Royal Orchid H. Doll,
Theodor-Heuss-Str. 2,
53177 Bonn/Bad Godesberg,
Tel. 02 28/36 30 67

Valerius und Söhne
Putenweg 68, 12355 Berlin,
Tel. 0 30/6 63 30 38

Wichmann Orchideen KG
Postfach 111, 29229 Celle,
Tel. 051 41/3 50 11

Zubehör

Ernst Bormann
Neudorferstr. 199,
47057 Duisburg,
Tel. 02 03/35 37 57

Manfred Meyer
Eckenheimer Landstr. 334,
60320 Frankfurt/M.,
Tel. 06 11/54 65 52

Lothar Prior
Wahrkamp 6a,
48653 Coesfeld,
Tel. 0 25 41/8 38 63

Sieghart Schaurig
Daimlerstr. 12, 63512 Hainburg,
Tel. 0 61 82/56 95

Weiterführende Literatur und Orchideengesellschaften

Literatur

Miniature Orchids to Grow and Show, Jack Kramer with Roy L. Crafton/Norton Verlag 1982

Orchideen für zu Hause, Jörn Pinske/BLV Verlag 1989

Miniature Orchids, Rebecca Tyson Northen/VNR 1980

Die Orchideen/2. Auflage, Von R. Schlechter/P. Parey Verlag (Berlin) 1927

Encyclopaedia of Cultivated Orchids, Alex D. Hawkes/Faber Verlag 1965

Orchideenatlas, H. Bechtel, P. Cribb, B. Launert/Eugen Ulmer Verlag (Stuttgart)

Wunderwelt der Orchideen, M. Hirmer/Hirmer Verlag (München)

Der Orchideenbegleiter, J. Pinske/ Landbuchverlag (Hannover)

Orchideen pflegen-vermehren-züchten, W. Richter/Verlag Neumann-Neudamm, Melsungen

Aber die schönsten sind die Orchideen
Verlag Neumann-Neudamm, Melsungen

Orchideen, J. Röth
Verlag Neumann-Neudamm, Melsungen

Orchideen für Zimmer und Gewächshaus, W. Rysy/BLV, München

Orchideen-Gesellschaften

Deutsche Orchideen-Gesellschaft E.V.
Geschäftsstelle:
Lieselotte Thielmann,
Arndtstr. 8,
27363 Sottrum,
Tel. 0 42 64/90 17

Österreichische Orchideen-Gesellschaft ÖOG,
Postfach 300,
A-1222 Wien/Österreich

Schweizerische Orchideen-Gesellschaft
Gruppen der D.O.G.
Kassier O. Feistle,
Birkenstr. 10,
CH-4304 Giebenach,
Tel. 0 61/8 11 22 45

Register

* Fettgedruckte Zahlen verweisen auf Seiten mit Abbildungen